요리 전문가가 알려주는
Know-how
육수 만들기 비법

• 김자경 지음 •

예신 Books

머리말

아무리 풍성한 식탁이라도 국물이 빠지면 허전해하는 우리의 식습관과 삼면이 바다로 둘러싸여 있고 좋은 물이 풍부한 지리적 특성 때문에 특히 국물 요리가 발달하였다. 그래서인지 주위를 둘러보면 국물 요리책이 즐비하다. 그러나 국물 요리의 기본인 '육수'에 대해 별도로 다루고 있는 책이 없어 안타까운 마음에 이 책을 발간하게 되었다.

이 책은 육수 만들기 과정에서 꼭 알아야 할 기초 지식을 많은 시간을 투자하지 않아도 한눈에 쉽게 알 수 있도록 풀어 쓴 국물 요리서이다. 본문 상단에는 '육수 만들기', 하단에는 국이나 찌개의 실제 예인 다양한 '국물 요리'로 구성하였다.

가정에서 쉽게 얻을 수 있는 재료로 영양과 맛을 모두 만족시킬 수 있는 육수 만드는 방법을 제시하였으며, 육수 하나하나의 기본에 충실하다 보면 이유식, 다이어트식, 웰빙식, 치료식, 죽, 간식, 밑반찬 등에 이르기까지 다양하게 응용할 수 있도록 하였다.

요리연구가로 문화센터, 학교, 관공서, 영양사 교육 등에서 강의하는 동안 가장 중요하게 다루었던 것이 '육수만들기' 수업이다.

육수 만들기는 바쁜 현대인들에게 건강에 있어 놓치면 안 될 소중한 가치와 함께 요리를 통한 행복을 가져다 줄 것이다.

유치원생의 간식 만들기 수업부터 60대 이상의 남성이 참여하는 실버 생활 요리에 이르기까지 요리를 하며 행복해하는 모습, 그 행복 바이러스를 모두에게 전해 주고 싶다.

끝으로 이 책을 만들기 위해 도움을 주신 김남희 선생님, 조교 암순, 기영, 미경과 출판사 편집부 직원 여러분께 감사드리며, 십여 년 동안 한결같이 내 지지자가 되어주는 나의 회원들에게 부족하지만 조금이라도 보탬이 되었으면 한다.

국 한 그릇으로 모두가 따뜻해지길 바래보며…….

김자경(0820haha@hanmail.net)

 1. 멸치 육수 만들기

부대찌개 • 15
감자 옹심이 • 17
잔치국수 • 19
불낙전골 • 21
생태(동태)찌개 • 23
메밀국수 • 25
우럭 매운탕 • 27
들깨 버섯전골 • 29
도토리묵 김치말이 • 31
화끈 해물수제비 • 33

 2. 고기 육수 만들기

표고 맑은국 • 37
우렁 된장찌개 • 39
강된장찌개 • 41
월남 쌀국수 • 43
짬뽕 • 45
육개장 • 47
미역국 • 49
설렁탕 • 51
돼지갈비 콩비지찌개 • 53
감자탕 • 55
물냉면 • 57
평양온반 • 59
중국식 새우탕 • 61
훈뚠 • 63
두부전골 • 65
소고기 무국 • 67

 3. 채소 · 다시마 육수 만들기

대구 매운탕 • 71
불고기 전골 • 73
더덕전골 • 79
매생이국 • 81

캠핑찌개 • 75
정통 일식우동 • 77
엄나무 삼계탕 • 83

4. 해물 육수 만들기

바지락 콩나물국 • 87
조개탕 • 89
순두부찌개 • 91
류산슬 • 93
해물칼국수 • 95
꼬치어묵 • 97
꽃게탕 • 99
샤브샤브 • 101
왜된장국 • 103
아욱 새우국 • 105
버섯 매운탕 • 107
콩나물 해장국밥 • 109
낙지 연포탕 • 111
추어탕 • 113
대구지리 • 115

5. 육수를 이용한 반찬 및 별미요리

김치 삼겹살찜 • 119
두부조림 • 121
갈치무조림 • 123
버섯 장조림 • 125
오향장육(족발) • 127
김 장아찌 • 129
꽃게무침 • 131
쇠고기 덮밥 • 133
오이청포냉국 • 135
달걀찜(한식) • 137
달걀찜(일식) • 139
달걀찜(업소용) • 141

한눈에 쉽게 알 수 있는 계량법

계량 스푼

1큰술은 15cc, 1작은술은 5cc를 말한다. 계량할 때에는 반듯하게 깎아서 한다.

계량스푼 1큰술
= 일반 숟가락 1큰술

계량스푼 1작은술
= 일반 숟가락 1작은술

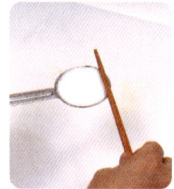
정확한 계량법
(반듯하게 깎아서 계량)

계량 컵

계량컵 1컵은 200cc를 말한다.

계량컵

계량컵 200cc = 유리컵 200cc

계량 저울

계량저울을 사용할 때는 눈금을 항상 0에 맞추어야 한다. 그릇을 올렸을 때는 그릇 무게를 빼고 0으로 맞추어 계량한다.

눈금 '0'에 맞추기

그릇 놓고 '0'에 맞추기

- 계량할 때는 계량스푼을 사용하는데, 요리 시 꼭 갖추어야 정확한 계량으로 한결같은 맛을 낼 수 있다. 부득이 계량스푼이 없어 일반 숟가락으로 사용한다면 1.5배의 양이라고 보면 된다.
- 설탕, 소금같은 가루는 깎아서 수평이 되게 하고 간장, 식초 같은 액체류는 넘치기 직전까지 올라온 상태로 계량해야 한다.
- 일반적으로 다진 마늘은 계량이 잘 안 되는데 다진 마늘도 정확하게 깎아서 계량한다.
- 생강 1쪽은 마늘 1알 크기 정도를 의미한다.
- 국에 사용하는 국물의 양 1인분은 대략 $1\frac{1}{2}$ 컵이고, 찌개 양은 $\frac{2}{3}$ 컵을 사용하면 된다. 그러나 무엇보다 총 재료량에 따라 가감하는 것이 좋다.

- **국물** 낼 때는 팔팔 끓기 시작할 때까지는 **뚜껑을 열고** 끓인다.
  ▶ 뚜껑을 닫고 끓이면 잡냄새(누린내, 비린내 등)가 많이 난다.

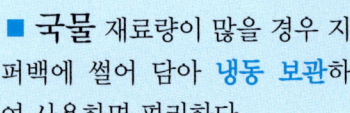

- **국물** 재료량이 많을 경우 지퍼백에 썰어 담아 **냉동 보관**하여 사용하면 편리하다.

- **가루후추**는 체내에 쌓이기 때문에 **통후추**를 사용하는 것이 건강에 좋다.
  ▶ 통후추는 국물을 시원하게 한다.

- **국**이나 찌개 요리 시 **거품을 걷어 내는 것**이 중요한데 어느 시점에 걷어 내느냐에 따라 맛이 다르다.
  ▶ 맑은 육수일 때는 끓어오르면 바로 걷어 내고, 찌개 양념을 넣었을 때는 한소끔 끓인 다음에 걷어 내야 깊은 맛이 난다.

- **국물** 간을 자주 보는 것은 금물이다. **사람의 혀는 30℃에서 정확한 맛**을 알 수 있으므로 팔팔 끓을 때 간을 보면 정확하게 알 수 없다.

■ **국물 맛**은 장맛이라 하는데, 일반적으로 장은 간장, 고추장, 된장을 말한다. 국의 맛이 장에서 비롯되므로 국을 끓일 때는 장이 중요하다. 그러나 세 가지 장을 이용하여 맛을 냈다 하더라도 싱거울 경우가 있다. 이럴 땐 중간중간에 장을 넣기보다는 마지막에 소금으로 간을 하는 것이 바람직하다.

▶ 발효식품의 원리이다.

■ **국물** 요리에 쓰는 **식재료의 밑간은 언제나 싱겁게** 해야 한다. 식재료 자체 내에서 맛이 어우러져 끓여지고 난 후 마지막에 간을 하는 것이 바람직하다.

■ **우리나라** 전통식에서는 크게 젓국찌개, 고추장찌개, 된장찌개로 나뉜다.

■ **국**을 끓일 때 푸른 채소는 데쳐서 사용하는 경우가 많은데, 이는 너무 강한 향 제거나 시금치 같은 재료의 수산을 제거하기 위함이다.

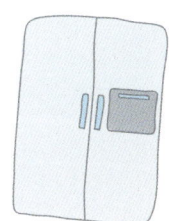

■ **국물** 낼 때 많이 사용하는 재료로 멸치, 다시마, 새우 등을 많이 이용하는데, 이들은 가루로 사용할 경우 국물이 맑지 않고 특히 개운한 맛을 낼 수 없으므로 **원재료를 사용하는 것**이 깔끔한 맛을 위해 좋다.

■ **찌개**를 끓일 때 넣는 양념은 두 번에 걸쳐 나눠 넣으면 깊은 맛과 양념 하나하나의 맛이 살아 있어 좋다.

- ■ **요리**에 쓰고 남은 식재료는 육수 만들기에 이용하면 좋다.
  ▶ 너무 강한 향을 지니지 않았다면 무엇이든 육수 재료로 가능하다.

- ■ **고기 육수**는 푹 끓여야 깊은 맛이 나고, 해물·조개 육수는 오래 끓이면 맛이 없다.

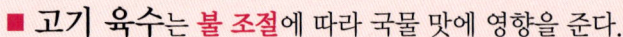

- ■ **고기 육수**는 **불 조절**에 따라 국물 맛에 영향을 준다.
  ▶ 처음엔 센불에서 끓이다가 중·약불로 끓이면 국물이 잘 우러난다.

- ■ **육수** 끓일 때는 **필요한 양의 1.5배**를 끓이는 것이 좋다.
  ▶ 끓은 후 국물에 다양한 재료, 면 등을 넣을 때 사용한다.
  ▶ 국물이 졸아들었을 때 그냥 물을 사용하면 전혀 다른 맛이 나기 때문에 넉넉히 육수를 준비한다.

- ■ **육수**를 끓일 때 간을 하면 끓는 속도에도 영향을 줄 뿐만 아니라, 육수 자체의 깊은 맛과 섬세한 맛이 우러 나오지 않는다.
  ▶ 한번 끓여낸 후 간하여 다시 끓이는 것이 좋다.

- ■ **육수**가 부족해 짤 경우에는 양파나 감자, 호박 같은 야채를 이용하는 것이 좋다.

- ■ **비린내**, 누린내가 많이 나는 국물 요리에는 향신료를 처음부터 넣는 것보다는 처음과 마지막 두 번에 나눠 넣는 것이 냄새 제거에 좋다.

육수 만들기 Know How

■ **토장국**(된장, 청국장)의 국물로 물보다는 **쌀뜬물**을 이용하면 깊은 맛이 나고 부드럽다.

■ **조미료**를 넣지 않은 육수 맛에 익숙하지 않다면 설탕을 약간 넣으면 깊은 맛이 난다.

■ **국**은 건더기 30%, 국물 70%의 비율로 한다. 찌개, 전골, 조치, 감정은 건더기 50%, 국물 50%의 비율이다.
▶ 찌개, 전골 요리 시 야채나 재료에서 국물이 나올 것을 감안하여 조리해야 국이 되지 않는다.

■ **아침엔** 위에 부담이 가지 않는 국이 좋고, 점심·저녁에는 찌개, 전골이 좋다.

■ **국물** 요리에 많이 쓰는 두부는 국물이 팔팔 끓을 때 넣어야 국물 맛이 탁하지 않고 두부 맛도 부드럽다.

육수보관법

육수는 즉석에서 만들어 사용하는 것이 바람직하다. 그러나 시간적 여유가 없다면 일주일에 2~3번 정도 끓여 사용하는 것도 좋다.
육수를 끓여 식힌 후 물기 없는 그릇에 담아 냉장 또는 냉동 보관하여 사용한다.

멸치 육수

1. 멸치는 머리 내장을 떼고 빈 냄비에 기름을 두르지 않은 채 볶아 사용한다.

* 멸치가 신선하지 않고 냄새가 날 경우 청주 1큰술을 넣고 볶는다.

* 멸치 머리는 영양분이 많으나 잡맛이 나므로 머리와 내장은 쓰지 않는 것이 좋다.

* 육수용으로는 죽방멸치가 가장 좋다.

* 육수를 낼 때 멸치를 갈아 쓰면 국물 맛이 탁해 개운하지 않다.

* 5월의 멸치가 싸고 좋다.

* 한꺼번에 볶아 식으면 지퍼백에 담아 냉동 보관 후 사용하면 편리하다.

* 건어물류는 냉동 보관하는 것이 안전하다.

※ 이 책에서는 물의 양보다는 재료의 양에 따라 육수를 조절하였다.
　　➡ 화력(불)과 식재료에 따라 맛이 달라지므로

※ 국(건더기 : 육수 ➡ 3 : 7 비율)
　 찌개, 전골, 탕(건더기 : 육수 ➡ 1 : 1 비율)

Part 01
멸치 육수 만들기

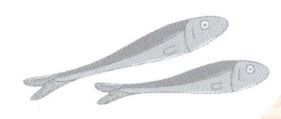

부대찌개
감자 옹심이
잔치국수
불낙전골
생태(동태)찌개

메밀국수
우럭 매운탕
들깨 버섯전골
도토리묵 김치말이
화끈 해물수제비

부대찌개

육수 만들기

냄비에 국물용 멸치, 마른 새우를 넣고 볶다가 물을 붓고 다시마, 무, 대파를 넣어 끓인 후 체에 걸러 육수를 준비한다.

국물용 멸치 20g, 마른 새우 20g   무 100g, 다시마 1조각   대파 1뿌리, 물 6컵

 부대찌개 육수는 멸치 육수의 기본이라 할 수 있다. 김치찌개나 수제비 등의 요리에 응용 가능하다.

만드는 방법

1 소시지, 햄, 스팸은 적당한 크기로 자른다.
2 김치는 소를 털어 내고 3cm 길이로 자른다.
3 돼지고기는 간장, 파, 마늘, 후추를 넣고 양념한다.
4 냄비에 육수를 붓고 끓으면 고기, 소시지, 햄, 스팸을 넣고, 고기가 익으면 양념장과 김치, 두부, 양파, 대파를 넣고 끓인다.
5 끓으면 소금으로 간하고, 쑥갓과 후추를 넣어 완성한다.

재료

돼지고기 100g(간장, 다진 파, 다진 마늘 각 1작은술, 후추 약간), 김치 200g, 스팸 100g, 소시지 100g, 햄 100g, 양파 1/2개, 두부 50g, 대파 1뿌리, 쑥갓 10g

양념장 : 고추장 2큰술, 고춧가루 2큰술, 다진 마늘 1큰술, 다진 생강 1작은술, 국간장 1/2큰술, 소금·후추 약간

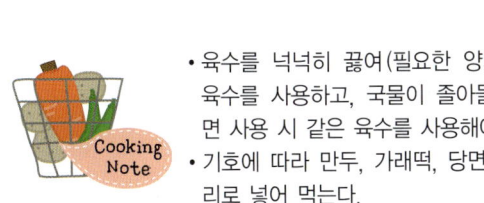

- 육수를 넉넉히 끓여(필요한 양의 1.5배) 요리 재료 양만큼의 육수를 사용하고, 국물이 졸아들면 육수를 더 넣는다. 사리나 면 사용 시 같은 육수를 사용해야 맛이 한결같다.
- 기호에 따라 만두, 가래떡, 당면, 라면, 슬라이스 치즈 등을 사리로 넣어 먹는다.

감자 옹심이

육수 만들기

냄비에 국물용 멸치, 다시마, 물을 넣고 끓으면 다시마와 멸치는 건져 내고, 바지락을 넣어 한 번 더 끓인 후 조개가 벌어지면 조개는 건져 내고 면보에 국물을 걸러 육수로 사용한다.

국물용 멸치 10마리 + 다시마 1장 + 물 8컵 + 바지락 1봉

만드는 방법

1. 감자는 껍질을 벗겨 1개는 큼직하게 편썰고, 나머지는 모두 강판에 갈아 준다.
2. 갈아 놓은 감자는 면보에 걸러 건더기는 꼭 짜고 물은 앙금을 가라 앉혀 건더기와 함께 전분가루, 소금을 넣고 치댄다.
3. 양파는 큼직하게 편썰고, 표고버섯은 2~4등분하며, 호박은 부채꼴 모양으로 썬다.
4. 풋고추, 홍고추, 대파는 송송 썬다.
5. 냄비에 육수를 넣고 썰어 놓은 감자를 넣은 후 끓으면 반죽을 떼어 넣고 마늘, 호박, 표고, 양파를 넣어 끓인다.
6. 풋고추, 홍고추, 대파, 건져 낸 바지락을 넣어 한소끔 더 끓인 후 소금으로 간한다.

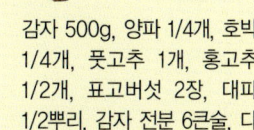

재료

감자 500g, 양파 1/4개, 호박 1/4개, 풋고추 1개, 홍고추 1/2개, 표고버섯 2장, 대파 1/2뿌리, 감자 전분 6큰술, 다진 마늘 1큰술, 소금 1작은술

Cooking Note

- 감자를 강판에 갈면 번거로운 단점이 있지만 감자 씹히는 맛이 별미이다.
- 갈변을 막기 위해서는 감자를 강판에 가는 중간에 양파를 한 번씩 갈아 준다.

잔치국수

🍳 육수 만들기

국물용 멸치의 머리, 내장을 제거하여 냄비에 기름 없이 볶다가 물을 붓고 나머지 재료들을 넣어 뚜껑 열고 끓여 육수를 준비한다.

 +  +

국물용 멸치 7마리 / 다시마 1조각, 양파 1/4쪽 / 대파 1뿌리, 통마늘 3쪽

 +  +

건고추 2개, 무 100g / 통후추 1/2큰술, 청주 1큰술 / 국간장 1큰술, 물 12컵

만드는 방법

1. 애호박은 채썬 후 식용유를 두르고 다진 마늘, 소금을 넣어 볶는다.
2. 김치는 송송 썰어 참기름, 다진 마늘, 설탕을 넣고 무쳐 놓는다.
3. 달걀은 황·백으로 나누어 지단을 부치고 채썰어 놓는다.
4. 소면은 국수 양의 10배의 물을 붓고 끓으면 찬물 반컵 넣기를 2회 반복하여 투명해지면 찬물에 씻어 건져 놓는다.
5. 삶아진 국수에 육수를 붓고 살짝 데워 간한 후 애호박, 김치, 달걀지단을 얹어 낸다.

재료

소면 300g, 애호박 1/2개, 달걀 1개, 김치 200g, 식용유 1/2큰술, 소금 약간, 다진 마늘 1작은술, 참기름 1작은술, 설탕 약간

Cooking Note
- 삶아진 국수는 찬물에 비벼 씻은 후 다시 끓는 물에 넣어야 국물 맛이 깔끔하고 불지 않는다.
- 기호에 따라 김을 채썰어 고명으로 올려 준다.

메밀국수

육수 만들기

냄비에 물과 다시마, 멸치, 표고를 넣고 끓으면 가쓰오부시를 넣고 불을 끈 후 10분 후에 체에 거른다.(A) A에 간장, 맛술, 가쓰오부시 가루, 설탕, 소금을 넣고 다시 한 번 끓인 후 차갑게 해서 준비한다.(B)

A: 물 4컵 + 다시마 2장(10×10) + 국물용 멸치 5마리 + 건표고 3장 + 가쓰오부시 3큰술

B: 간장 3큰술 + 맛술 3큰술 + 가쓰오부시 가루 1작은술 + 설탕 1작은술 + 소금 약간

Note: A와 B를 동시에 끓일 경우 국물맛이 제대로 우러나지 않는다.

만드는 방법

1 무는 강판에 갈아 건더기만 준비한다.
2 파는 송송 썰고, 김은 살짝 구워 가위로 채썰어 놓는다.
3 고추냉이는 찬물에 되직하게 섞은 후 10분 지난 후 사용한다.
4 메밀국수는 삶아 찬물에 헹궈 놓는다.
5 채썬 김을 면 위에 올려 접시에 담아 내고, 그릇에 1컵 분량의 육수(쯔유)를 담고, 고추냉이와 무, 실파를 곁들여 낸다.

Cooking Note: 여름에 시원하게 먹는 영양만점 요리이다. 육수를 넉넉히 만들어서 김치냉장고에 넣어두고 사용하면 좋다.

재료

메밀국수 400g, 무 100g, 실파 3뿌리, 고추냉이 1/2큰술, 김 2장

우럭 매운탕

육수 만들기

냄비에 다시마와 멸치, 무, 파잎, 물을 넣고 잘 끓인 다음 체에 거른 후 해감한 조개를 넣어 다시 끓여 조개의 입이 벌어지면 조개는 건지고 다시 체에 걸러 육수를 준비한다.

다시마 2장(10×10), 국물용 멸치 7개 　　　 무 1조각, 파잎 2개 　　　 모시조개 1컵, 물 4컵

 파 잎부분은 육수 낼 때 많이 사용하고, 파 흰부분은 요리 양념 시 주로 사용한다.

만드는 방법

1. 우럭은 비늘과 아가미, 내장을 제거한 후 깨끗이 씻어 적당한 크기로 자른다.
2. 무·호박·두부는 납작하게 썰고, 대파·풋고추·홍고추는 어슷 썰고, 양파는 채썰고, 미나리·쑥갓은 5cm 길이로 자른다.
3. 분량의 양념 재료를 잘 섞어 둔다.
4. 냄비에 육수와 무를 넣고 끓으면 생선을 넣는다.
5. 생선이 어느 정도 익으면 양념과 호박, 양파, 두부, 고추, 대파를 넣고 끓인다.
6. 소금으로 간하고, 건져 놓은 조개와 미나리, 쑥갓을 넣고 살짝 더 끓여 낸다.

- 매운탕이나 조림의 경우 육수나 물이 끓을 때 생선을 넣어야 생선살이 부서지지 않는다.
- 우럭은 기름진 생선이므로 고춧가루를 이용하여 개운한 맛을 낸다.

재료

우럭 1마리, 무 100g, 호박 1/4개, 두부 100g, 양파 1/2개, 쑥갓 30g, 미나리 30g, 홍고추 1개, 풋고추 1개, 대파 1대

양념 : 고춧가루 3큰술, 간장 1큰술, 다진 마늘 2큰술, 다진 생강 1/2큰술, 청주 1큰술, 소금·후추 약간

들깨 버섯전골

육수 만들기

냄비에 국물용 멸치를 넣고 볶다가 다시마와 물을 넣어 팔팔 끓으면 3분 후 불을 끈다.

국물용 멸치 10개   다시마(10×10) 2장   물 8컵

만드는 방법

1. 표고버섯은 밑둥을 떼어 채썰고, 새송이버섯은 편으로 얇게 썰고, 느타리버섯은 찢어 놓고, 팽이버섯은 밑둥을 잘라 끓는 소금물에 데친다.
2. 데친 버섯은 버섯 양념하여 무친다.
3. 믹서에 들깨와 불린 쌀, 물 약간을 넣고 곱게 간 다음 육수에 넣어 저어가며 끓인다.
4. 쇠고기는 채썰어 고기 양념한다.
5. 실파는 4~5cm 길이로 썰고, 양파는 채썰고, 홍고추는 반 나누어 씨를 제거한 후 채썬다.
6. 전골냄비에 재료를 돌려 담고 3의 끓여 놓은 육수를 부어 한소끔 더 끓여 낸다.
7. 간을 보아 싱거우면 소금으로 간한다.

재료

생표고버섯 4장, 새송이버섯 2개, 느타리버섯 100g, 팽이버섯 1봉, 쇠고기 100g, 양파 1/2개, 실파 50g, 홍고추 2개, 들깨 볶지 않은 것 5큰술, 불린 쌀 3큰술, 소금 약간

버섯 양념 : 다진 마늘 1큰술, 청장 1큰술, 들기름 1큰술

쇠고기 양념 : 간장 1큰술, 설탕 1/2큰술, 다진 파 1큰술, 다진 마늘 1/2큰술, 참기름 1작은술, 깨소금 1작은술

Cooking Note
- 들깨와 물을 넣어 믹서에 곱게 간 후 면보에 싸서 손으로 주물러 그 즙으로 나물도 무치고, 영양탕, 오리탕, 닭요리 등에 이용한다.
- 들깨 버섯전골에 조랭이 떡(또는 떡국 떡)이나 수제비를 넣어 먹어도 좋다.

도토리묵 김치말이

육수 만들기

냄비에 국물용 멸치, 다시마, 물을 넣고 육수를 끓여 낸 후 김치 국물을 섞어 준비한다.

국물용 멸치 10마리   다시마 2장   물 적당량   김치 국물 1/2컵

 육수를 낼 때 뚜껑을 덮지 않고 끓여야 비린내가 나지 않는다.

만드는 방법

1 도토리묵은 나무젓가락 굵기로 채썬다.
2 김치는 송송 잘게 썰어 국물을 꼭 짠 후 참기름, 깨소금, 후추를 넣고 살살 버무린다.
3 실파는 송송 썬다.
4 위의 육수에 설탕과 식초, 소금으로 간을 맞춘다.
5 그릇에 도토리묵과 김치를 올리고 차갑게 준비한 육수를 넣은 후 실파를 얹어 낸다.

 재 료

도토리묵 1/2모, 김치 썬 것 1/3컵, 실파 2뿌리, 설탕 1큰술, 식초 2큰술, 참기름 1/2작은술, 깨소금 1/2큰술, 소금·후추 약간씩

- 육수나 재료가 칼로리가 높지 않아 다이어트식으로 좋다.
- 소면을 삶아 차갑게 먹어도 좋고, 겨울철에는 따뜻하게 먹어도 별미이다. (따뜻하게 먹을 때에는 설탕, 식초를 뺄 것)

화끈 해물수제비

육수 만들기

냄비에 국물용 멸치를 넣고 기름 없이 볶다가 다시마, 건고추, 물을 넣어 끓인 후 체에 걸러 바지락을 넣고 바지락의 입이 벌어지면 건지고 국물은 살살 따라 내어 육수로 쓴다.

국물용 멸치 30g   다시마 1조각   건고추 2개   물 5컵   바지락 1봉

 Note 해산물 중에서 새우나 꽃게, 미더덕이 시원한 맛을 많이 좌우한다. 계절에 따라 어떤 것을 사용해도 좋고, 대합을 넣어도 좋다.

만드는 방법

1 분량의 반죽 재료를 여러 번 치대어 놓는다.

2 게는 먹기 좋은 크기로 잘라 놓고, 새우는 내장을 빼고, 쭈꾸미는 2등분한다.

3 양파는 채썰고, 느타리버섯은 길이로 찢어 놓고, 대파·고추는 어슷썬다.

4 냄비에 육수와 해산물, 양파, 양념을 넣고 끓으면 수제비를 얇게 떼어 넣은 후 느타리버섯, 대파, 청양고추를 넣고 끓인다.

5 마지막에 소금, 후추로 간을 한다.

재 료

게 1마리, 새우 3마리, 쭈꾸미 2마리, 느타리버섯 50g, 청양고추 2개, 양파 1/2개, 대파 1대

반죽 : 밀가루 1컵, 소금 1/3 작은술, 식용유 1작은술, 물 1/3컵

양념 : 건고추 3개(불려 갈아줌), 고추장 1큰술, 다진 마늘 1큰술, 소금·후추 약간씩

 **Cooking Note** 양념으로 건고추를 불려 갈아 사용하면 맛이 깔끔하고 칼칼하다.

사골 육수

1. 사골은 흐르는 물에 1시간 담가 핏물을 빼 준다.(그냥 물에 담가 두면 피는 물보다 무거우므로 다시 삼투압 작용에 의해 누린내가 난다.)
2. 팔팔 끓는 물에 1의 사골을 핏기가 가실 때까지 3~5분 데쳐 찬물에 헹궈 준다.
3. 찬물에 손질된 2의 사골을 넣고 향신채를 넣어 뚜껑 열고 끓인다.
4. 팔팔 끓으면 5분 후 뚜껑을 덮고 중불로 8시간 끓인다.

* 향신채로 대파, 양파를 사용한다.
* 뼈 잡냄새를 없애는 방법으로는 기름 제거, 핏물 제거, 거품 제거, 데친 후 사용 등이 있다.
* 구수한 맛을 낼 때는 돼지 등뼈를 많이 사용한다. ➡ 이때 향신채로 생강이나 팔각, 정향, 산사 등을 소량씩 넣으면 좋다.

고기 육수

1. 고기(양지머리, 사태)는 흐르는 물에 30분 담가 두거나 채반에 밭쳐 핏물을 빼 준다.
2. 찬물에 고기와 향신채(통마늘, 양파, 통후추, 대파)를 넣고 뚜껑 연 채 익히다가 팔팔 끓으면 뚜껑을 덮고 1시간 이상 끓인다.

* 통마늘이나 통후추를 넣어야 국물 맛이 깔끔하다.

※ 이 책에서는 물의 양보다는 재료의 양에 따라 육수를 조절한다. ➡ 화력(불)과 식재료에 따라 맛이 달라지므로

※ 국(건더기 : 육수 ➡ 3:7 비율)
　찌개, 전골, 탕(건더기 : 육수 ➡ 1:1 비율)

Part 02
고기 육수 만들기

표고 맑은국
우렁 된장찌개
강된장찌개
월남 쌀국수
짬뽕
육개장
미역국
설렁탕

돼지갈비 콩비지찌개
감자탕
물냉면
평양온반
중국식 새우탕
훈뚠
두부전골
쇠고기 무국

표고 맑은국

 육수 만들기

쇠고기는 핏물을 빼고 찬물에 담갔다 건져 양파, 대파, 물을 넣고 푹 끓여 육수를 준비한다.

쇠고기(양지) 200g   양파 1/2개   대파 1대   물 12컵

 일반적으로 육수를 만들 때는 고기 양의 10배의 물을 기준으로 잡는 것이 좋다.

만드는 방법

1. 육수 끓일 때 넣었던 고기는 찢어 놓고, 육수는 체에 걸러 놓는다.
2. 생표고버섯은 굵게 채썰고, 말린 표고버섯은 찬물에 한 번 씻어 미지근한 물에 불려 굵게 채썬다.(표고버섯 불린 물은 반드시 사용한다.)
3. 육수와 표고버섯 불린 물에 쇠고기, 표고버섯을 넣고 끓으면 참치액젓, 간장, 마늘을 넣어 한소끔 더 끓인다.
4. 소금으로 간하고, 후추를 약간 넣는다.

재 료

불린 표고버섯 100g, 생표고버섯 100g, 참치액젓 1큰술, 간장 1큰술, 마늘 1/2큰술, 소금·후추 약간씩

 표고맑은국은 성인병 예방과 환자나 이유식용으로 좋다.

우렁 된장찌개

 육수 만들기

뚝배기에 참기름을 두르고 깍뚝썰기한 쇠고기, 된장, 다진 마늘을 넣고 볶다가 물을 조금씩 넣어가며 고기가 익을 때까지 볶다가 나머지 물을 넣는다.

참기름 2작은술   쇠고기 50g   된장 1.5큰술   다진 마늘 1/2큰술   물 2컵 반

 뚝배기에 참기름을 두르고 쇠고기, 된장, 다진 마늘을 볶을 때 물을 조금씩(3~6큰술) 여러 차례 나눠 넣어가며 볶다가(필요한 양의 물을 넣어) 끓이면 국물 맛이 겉돌지 않고 진한 국물이 된다.

만드는 방법

1 우렁이는 소금물에 깨끗이 씻어 헹궈 놓는다.
2 두부는 깍뚝썰기한다.
3 표고버섯, 애호박은 잘게 깍뚝썰기한다.
4 풋고추는 둥글게 송송 썰어 물에 헹궈 놓는다.
5 대파는 송송 썰어 놓는다.
6 위의 육수에 우렁이 살, 두부, 표고버섯, 애호박을 넣고 끓인다.
7 거품을 걷어 낸 후 고춧가루와 대파를 넣고 끓여 완성한다.

 **재료**

우렁이 50g, 생표고버섯 1장, 애호박 70g, 풋고추 2개, 두부 70g, 대파 1/2뿌리, 고춧가루 1작은술

- 우렁은 쌀뜨물을 넣고 바락바락 주물러 씻어야 모래가 씹히지 않는다.
- 된장찌개는 고추장보다는 고춧가루를 넣어야 맛이 깔끔하다.

강된장찌개

육수 만들기

된장 육수(양념)는 쇠고기, 된장, 고추장, 꿀, 참기름을 넣고 잘 볶다가 물을 넣어 푹 끓인다.

쇠고기 100g   된장 5큰술   고추장 2작은술 꿀 1/2큰술   참기름 2작은술   물 2~3컵

 강된장찌개는 국물이 거의 없는 것이 특징이며, 쌈장 개념으로 봐도 좋다.

만드는 방법

1. 표고버섯은 도톰하게 채썰어 놓는다.
2. 홍고추, 풋고추, 대파는 송송 썰어 놓는다.
3. 냄비나 뚝배기에 육수(양념)을 넣고 푹 끓으면 표고버섯, 홍고추, 풋고추를 넣어 끓인다.
4. 대파를 넣어 한소끔 더 끓여 낸다.

재료

표고버섯 5개, 홍고추 1개, 풋고추 2개, 대파 1/2뿌리

- 된장찌개의 맛을 낼 때 청양고추로 입맛 살리는 경우가 많은데, 청양고추는 썰어 냉동실에 넣고 사용하면 편리하다.
- 된장찌개는 콩의 구수한 맛을 내기 위해 마늘을 쓰지 않는 경우가 많다.
- 쇠고기 대신 멸치를 이용하기도 한다.

월남 쌀국수

🍳 육수 만들기

소뼈와 쇠고기는 핏물을 빼고 끓는 물에 데쳐 낸 후 찬물을 넣어 끓인다. 생강과 양파는 석쇠에 직접 굽고 나머지 육수 재료인 팔각, 통계피, 정향과 함께 넣어 5시간 동안 푹 끓인다.

소뼈 200g + 쇠고기(양지) 200g + 생강 1쪽 + 양파 1/2개 +
팔각 1개 + 통계피(5cm) 1개 + 정향 2알 + 물 적당량

만드는 방법

1. 육수에 넣었던 고기는 건져 식으면 납작하게 썰어 놓고, 육수는 체에 걸러 휘시소스를 넣고 소금으로 간한다.
2. 숙주는 다듬어 씻고, 대파는 어슷썬다.
3. 고수잎은 잘게 뜯어 놓고, 월남고추는 송송 썬다.
4. 쌀국수는 끓는 물에 삶아 건진 후 육수를 붓고, 1의 고기를 넣고 월남고추·대파·고수잎을 올린 후 숙주를 얹어 낸다.

📓 재료

쌀국수 400g, 월남고추 5개, 숙주 150g, 대파 1뿌리, 고수잎 약간, 휘시소스 2큰술, 소금 약간

Cooking Note
- 휘시소스가 없을 경우 멸치액젓을 써도 좋다.
- 고수잎은 향이 있어 누구나 좋아하는 채소가 아니므로 기호에 따라 사용한다.

짬뽕

 육수 만들기

육수는 돼지 잡뼈, 통마늘, 대파, 양파, 물 또는 돼지잡뼈 대신 닭뼈나 닭발을 넣고 푹 끓인다.

돼지 잡뼈 500g   통마늘 7알   대파 2개   양파 1/2개   물 10컵

 짬뽕 자체에 돼지고기채를 넣었으므로 별도의 육수를 끓이지 않고 조리해도 무방하다.

만드는 방법

1. 양배추는 굵게 채썰고, 당근·양파·호박은 얇게 채썰고, 목이버섯은 불려 찢고, 부추는 5cm 길이로 자른다.
2. 돼지고기는 채썰어 생강즙, 후추, 굴소스로 밑간을 한다.
3. 오징어는 손질 후 칼집을 넣어 썬 후 데친다.
4. 소라는 편으로 썰고, 홍합살은 소금물에 씻어 놓는다.
5. 대파는 어슷썰고, 마늘은 편으로 썰고, 생강은 다진다.
6. 프라이팬에 식용유를 두르고 건고추, 마늘, 생강을 넣고 볶아 향을 낸 후 돼지고기채를 넣어 볶다가 간장, 청주와 채소, 고춧가루를 넣고 다시 볶는다.
7. 육수(or 물)를 넣고 오징어, 소라, 조갯살, 홍합살, 치킨베이스(닭가루)를 넣은 후 간을 보아 싱거우면 소금으로 간하고, 부추·대파·후추·참기름을 넣는다.
8. 삶아진 국수 위에 국물을 부어 낸다.

 해산물도 기호에 따라 넣는다.

 **재 료**

양배추(배추) 2장, 당근 1/4개, 양파 1/2개, 호박 1/5개, 목이버섯 30g, 돼지고기채 100g, 오징어 1마리, 소라 2개, 홍합살 50g, 조갯살 50g, 부추 30g, 건고추 2개, 대파 1뿌리, 마늘 2톨, 생강 1/2쪽, 고춧가루 1큰술, 간장 1큰술, 청주 1큰술, 굴소스 1/2큰술, 치킨베이스(닭가루) 1/2큰술, 생면 300g, 소금·후추·참기름·식용유 약간씩

육개장

육수 만들기

쇠고기는 찬물에 담가 핏물을 제거한 후 물을 넉넉히 붓고 대파, 통마늘, 양파, 건고추, 통후추를 넣어 푹 삶아 체에 걸러 육수로 사용한다.

 +  +  +

쇠고기 300g, 대파 1대 　　통마늘 1/2컵, 양파 1/2개 　　건고추 3개, 통후추 1작은술 　　물 10컵

만드는 방법

1. 양념은 식용유를 제외한 나머지 재료를 계량하여 섞어 놓고, 식용유를 팔팔 끓여 부어 놓는다.
2. 토란줄기 불린 것은 적당한 크기로 잘라 찢어 놓고, 고사리는 적당한 길이로 썰고, 숙주와 느타리버섯은 데친다.
3. 대파는 4cm 길이로 잘라 채썬다.
4. 1의 양념에 삶아 찢어 놓은 고기, 토란줄기, 고사리, 숙주, 느타리버섯, 대파를 넣고 무친 후 육수를 넣는다.
5. 강한 불에서 20분 동안 끓이다 약한 불로 조금 더 끓인 후 소금으로 간한다.
6. 불에서 내리기 직전에 풀어 놓은 달걀을 넣어 익혀 준다.

재 료

토란줄기 100g, 숙주 100g, 느타리버섯 100g, 고사리 100g, 대파 3대, 달걀 2개

양념 : 고춧가루 4큰술, 다진 마늘 2큰술, 다진 생강 1작은술, 국간장 2큰술, 참기름 1큰술, 소금·후추 약간씩, 식용유 4큰술

Cooking Note
- 별도의 고추기름 없이 즉석에서 양념에 식용유를 끓여 섞어준 후 요리하면 고추기름을 사용하는 것보다 훨씬 더 맛있다.
- 육개장에 사용하는 파는 여름에는 데쳐 사용하고, 겨울에는 그냥 쓰는 것이 좋다.

미역국

육수 만들기

쇠고기는 핏물을 빼고 통마늘, 물을 넣고 1시간 동안 푹 끓여 체에 걸러 육수를 준비한다.

쇠고기 200g   통마늘 7개   물 6컵

 일반적으로 편하게 끓일 때는 썰어 놓은 찌개용 고기를 사서 냄비에 고기와 미역, 참기름을 함께 넣어 볶다가 물(4큰술)을 조금씩 넣어 볶는다. 물이 없어지면 또다시 물을 조금 넣기를 2~3회 반복한 다음, 원하는 양의 물을 넣어 끓이면 많은 양을 끓인 것처럼 깊은 맛이 난다.

만드는 방법

1 미역은 불려 주물러 씻은 다음 적당한 크기로 자른다.

2 육수 끓일 때 넣은 고기는 건져 내어 결대로 찢어 양념한다.

3 냄비에 참기름을 두르고 불린 미역을 넣고 볶다가 육수와 다진 마늘, 국간장을 넣고 끓인다.

4 간을 보아 싱거우면 소금으로 간하고, 찢어 무쳐 놓은 고기를 얹어 낸다.

 재 료

미역 30g, 참기름 1/2큰술, 다진 마늘 1/2큰술, 국간장 1 큰술, 소금 약간

삶은 고기 양념 : 국간장 1/2 작은술, 참기름 1작은술, 다진 마늘 1작은술, 후추 약간

 국물 간은 국간장 대신 까나리액젓, 멸치액젓으로 해도 좋다.

설렁탕

 육수 만들기

그릇에 사골과 쇠고기를 넣고 수돗물을 틀어 놓은 채(물이 넘치게) 1시간 동안 핏물을 빼준 후 양파, 대파, 생강, 물을 넣고 푹 끓인다.

사골 1kg　쇠고기 300g　＋　양파 1개　대파 1대　＋　생강 1쪽　물 20컵

 팔팔 끓이는 작업을 2~3일 반복하여 3일분을 섞은 후, 냉동 보관하여 찌개, 전골, 떡국, 칼국수 등 여러 가지 육수로 사용한다.

만드는 방법

1. 사골이 팔팔 끓으면 뚜껑을 덮고 1시간 지난 후 쇠고기는 꺼내 고기결 반대 방향으로 썰어 편육을 준비한다.
2. 사골은 중불로 7~8시간 더 끓인다. 중간중간에 뚜껑을 열어 거품과 기름을 걷어 낸다.
3. 설렁탕 육수에 편육을 올리고, 송송 썬 파와 소금, 후추를 곁들여 낸다.

 **재료**

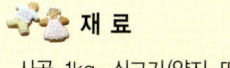
사골 1kg, 쇠고기(양지 또는 사태) 300g, 양파 1개, 대파 1대, 생강 1쪽, 소금·후추 약간씩

 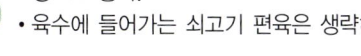

- 2~3일 동안 끓인 육수에 우유 한 컵을 넣으면 사골 특유의 맛이 사라져 설렁탕 특유의 냄새를 싫어하는 사람들에게 기호성으로 좋다.
- 육수에 들어가는 쇠고기 편육은 생략하여도 무방하다.

돼지갈비 콩비지찌개

육수 만들기

냄비에 돼지갈비, 파, 마늘, 물을 넣고 3~4시간 푹 끓여 육수를 준비한다.

돼지갈비 250g   파 1뿌리   마늘 5개   물 8컵

 Note 돼지갈비 대신 감자탕용 돼지등뼈를 이용해 푹 끓여 육수를 낸 후 요리해도 맛과 영양 면에서 우수하다.

만드는 방법

1 흰콩은 원래 양의 4배까지 불려 껍질 벗겨 물을 넣고 커터기에 되직하게 갈아 준다.
2 육수에 넣었던 돼지갈비는 꺼내어 다진 파, 다진 마늘, 고춧가루, 참기름을 넣고 양념한다.
3 쉰 김치는 송송 썰어 놓는다.
4 참기름을 넣고 돼지갈비와 김치를 볶다가 재료가 잠길 만큼 육수를 넣고 끓여 맛이 우러나면 갈아 놓은 콩을 넣는다.
5 약한 불에서 콩이 익을 때까지 젓지 않는다.
6 소금·고춧가루를 넣어 간하고, 홍고추·풋고추를 넣는다.
7 양념장을 곁들여 낸다.

 재 료

흰콩(불린 콩) 1컵, 풋고추 1개, 붉은 고추 1개, 다진 파 1큰술, 다진 마늘 1큰술, 고춧가루 1큰술, 참기름·소금 약간씩

양념장 : 간장 2큰술, 고춧가루 1큰술, 다진 파 1큰술, 다진 마늘 1/2큰술, 참기름 1/2큰술, 깨소금 1큰술

 **Cooking Note** 여름 장마철에도 김장용 김치를 이용하여 찌개를 끓이면 맛있다. 두부 전문점에서 얻어온 콩비지는 영양분이 없으므로 집에서 직접 콩을 불려 믹서기에 갈아 사용하면 고소하고 담백하다.

감자탕

육수 만들기

돼지등뼈는 흐르는 물에 1시간 동안 담가 핏물을 빼 준 후 끓는 물에 데쳐 낸다. 데친 등뼈에 물을 넉넉히 붓고 육수 재료 중 생강은 편썰고, 된장은 체에 걸러 넣고, 통후추와 채썬 양파를 넣어 3시간 이상 끓여 육수를 준비한다.

돼지등뼈 500g, 물 15컵   생강 2쪽, 된장 1큰술   통후추 1작은술, 양파 1/2개

 중국 사람들은 소뼈보다는 돼지등뼈를 영양면에 우수하다 하여 요리 시 더 많이 이용한다.

만드는 방법

1 김치는 찬물에 헹구어 2등분한 후 찢어 참기름과 마늘에 무쳐 놓는다.
2 깻잎은 송송 썰고, 대파는 어슷썬다.
3 육수가 뽀얗게 우러나면 껍질 벗긴 통감자, 1의 김치, 양념을 넣고 푹 끓인다.
4 감자가 익으면 소금·후추로 간하고, 깻잎·대파·들깻가루를 넣어 완성한다.

 재 료

감자 2개, 깻잎 10장, 대파 1뿌리, 들깻가루 3큰술, 김치 200g, 참기름 1작은술, 다진 마늘 1작은술

양념 : 고춧가루 2큰술, 다진 마늘 2큰술, 청주 2큰술, 소금·후추 약간씩

- 배추김치 대신 얼갈이 배추를 데쳐 사용해도 좋다.
- 감자탕에 불린 당면이나 수제비를 떼어 넣기도 하고, 국물을 조금 넣어 볶음밥(김치, 깻잎, 양파)을 만들어 먹기도 한다.

물냉면

🍴 육수 만들기

쇠고기는 흐르는 물에 핏물을 뺀 후 육수 재료와 데친 닭발, 물을 넣어 푹 끓인다. 삶은 고기는 편육으로 사용한다.

쇠고기 200g + 생강 2쪽 + 통마늘 5쪽 + 대파 2뿌리 +
양파 1/2개 + 고추씨 1큰술 + 데친 닭발 200g + 물 적당량

- 육수에 닭발을 넣으면 고소한 맛을 내고 차가운 냉면 국물이 담백해진다.
- 육수에 감초(자감초)를 넣으면 단맛이 나고 잡맛이 줄어든다.

만드는 방법

1. 육수 10컵에 분량의 양념을 넣어 차갑게 준비한다.
2. 달걀은 삶아 반으로 잘라 놓고, 배는 납작하게 썬다.
3. 면은 쫄깃쫄깃하게 삶아 찬물에 비벼 씻어 놓는다.
4. 그릇에 면을 놓고 육수를 부은 후 식성에 따라 발효된 겨자와 달걀, 배를 넣는다.
5. 오이절임과 무절임을 물냉면과 함께 곁들여 낸다.

 **재 료**

젖은 냉면 400g, 삶은 달걀 2개, 배 1/4개, 겨자 갠 것 1큰술, 오이 1/2개, 무 200g

양념 : 간장 1큰술, 식초 7큰술, 설탕 6큰술, 사이다 1/2컵, 동치미 1컵, 소금 2큰술

오이절임과 무절임 : 오이는 썰어 소금에 절여 꼭 짠 후 식용유에 살짝 볶아주고, 무는 썰어 식초 2큰술, 설탕 2큰술, 소금 1작은술을 넣고 절인 후 건져 고춧가루 1/2작은술, 생강즙 1/3작은술을 넣어 버무린다.

평양온반

 육수 만들기

끓는 물에 닭을 데쳐 낸 후 통마늘, 대파, 물을 넣고 40분 동안 삶아 체에 걸러 육수를 준비한다.

 + + +

닭 300g   통마늘 5개   대파 1뿌리   물 8컵

 깔끔한 맛을 내기 위해 육수에 통생강 한 조각을 넣기도 한다.

만드는 방법

1 삶은 닭고기는 찢어 소금과 후추로 간한다.
2 녹두는 씻어 5시간 불려 믹서에 갈아 소금 간을 한 후 5~6cm 크기로 지져 놓는다.
3 건표고버섯은 불려 채썰어 양념하여 볶아 놓는다.
4 달걀은 황백으로 나누어 지단을 부치고 채썰어 놓는다.
5 대파, 홍고추, 청양고추는 2cm 길이로 채썰어 놓는다.
6 밥 위에 녹두 부침, 달걀 지단, 표고버섯채를 돌려 담고, 가운데 닭고기와 대파, 홍고추, 청양고추를 고명으로 올린 후 육수를 담아 낸다.
7 양념장을 곁들여 낸다.

재료

밥 2공기, 녹두 1/2컵, 건표고버섯 7장(양념 : 간장 1/2큰술, 설탕 1/2큰술, 참기름 1/2큰술), 대파 1뿌리, 달걀 2개, 홍고추 1개, 청양고추 1개, 간장·설탕·참기름 각 1/2큰술씩, 소금·후추 약간씩

양념장 : 간장 2큰술, 설탕 1작은술, 고춧가루 1/2큰술, 다진 파 1큰술, 다진 마늘 1작은술

 속이 편안한 음식으로 녹두의 해독작용이 아주 좋다.

중국식 새우탕

육수 만들기

끓는 물에 닭을 데쳐 낸 후 냄비에 데친 닭, 물과 육수 재료를 넣고 1시간 동안 끓여 체에 걸러 육수를 준비한다.

닭뼈 또는 닭고기 100g   건고추 1개   생강 1/2쪽   통후추 5알   물 적당량

 닭뼈나 닭발을 이용 시 조금 더 많은 양을 이용해 끓이면 좋다.

만드는 방법

1. 새우는 내장을 제거하고 껍질을 벗겨 손질해 놓는다.
2. 도마 위에 비닐을 깔고 녹말가루를 얹은 후 1의 새우를 놓고 녹말가루를 듬뿍 올린 후 밀대로 살살 밀어 새우를 납작하게 만든다.
3. 시금치는 2cm 크기로 썰고, 대파도 시금치와 같은 길이로 썬 후 채썰어 놓는다.
4. 냄비에 육수를 넣고 끓으면 2의 새우를 넣은 다음 시금치를 넣는다.
5. 물녹말로 농도를 조절한 후, 풀어 놓은 달걀을 넣는다.
6. 소금으로 간하고, 참기름 한 방울과 대파채를 얹어 낸다.

재 료

새우(중하) 10마리, 시금치 50g, 달걀 1개, 녹말가루 1/2컵, 참기름 2방울, 대파 1뿌리, 소금 약간, 물녹말(녹말가루 2큰술, 물 2큰술)

 술 먹은 다음날 속풀이 국으로 아주 좋다.

훈 뚠

🍴 육수 만들기

냄비에 닭, 대파, 통마늘, 물을 넣고 푹 끓여 체에 걸러 닭 육수를 준비한다.

 +  +  +

닭 200g   대파 1뿌리   통마늘 5개   물 8컵

 닭 육수가 맑고 고소한 맛이 나 좋지만, 쇠고기 육수로도 가능하다.

만드는 방법

1 돼지고기는 간장, 청주, 생강즙, 후추로 밑간하여 나무젓가락 여러 개로 치대며 물을 조금씩 넣는다. 계속 치대어 부드럽게 만들어 준비한다.

2 만두 반죽은 되직하게 만든 후 밀대로 얇게 밀어 7×5cm 길이로 썬다.

3 만두피에 1의 고기를 넣고 말아 준다.(시판용 만두피 사용 가능)

4 냄비에 닭 육수 5컵을 넣고 끓으면 만두피를 넣고 익힌 후 소금, 후추로 간을 한다.

🧂 재 료

돼지고기 간 것 200g, 간장 1/2큰술, 청주 1큰술, 생강즙 1작은술, 후추 약간, 물 3큰술

만두 반죽: 밀가루 1.5컵, 물 6~8큰술, 소금 1/2작은술, 식용유 1작은술

- 훈뚠은 중국식 물만두의 일종이다.
- 만두피는 최대한 얇게 밀어 사용하는 것이 좋다.

두부전골

육수 만들기

육수는 국간장, 다진 마늘, 참기름, 설탕, 소금, 물을 넣고 끓여 사용한다. (육수 3~4컵 필요)

국간장 1/2큰술, 다진 마늘 1/2큰술   참기름 1/2작은술, 설탕 1작은술   소금 약간, 물 적당량

 육수에 다진 쇠고기나 고기를 넣고 끓이면 전골 건더기에서 우러난 맛보다 육수에서 우러난 맛이 더 깊은 맛을 낸다.

만드는 방법

1. 두부는 크기 4×6cm, 두께 0.5cm로 썰어 소금을 약간 뿌리고 밀가루, 달걀 순으로 묻혀 프라이팬에 지져 낸다.
2. 쇠고기 다진 것에 밑간을 한다.
3. 1의 두부에 날 밀가루를 살짝 묻혀 2의 쇠고기를 놓고 두부 한 장을 덮어 데친 미나리로 묶는다.
4. 모든 야채는 1.5×4cm로 썰고, 당근·무·숙주·느타리버섯은 각각 데쳐 놓는다.
5. 양파는 굵게 채썰고, 홍고추는 어슷썰고, 표고버섯은 굵게 채썰고, 실파는 4cm 길이로 썰고, 남은 미나리도 같은 길이로 썬다.
6. 달걀 1개는 황·백 지단으로 부쳐 놓는다.
7. 전골냄비에 양파, 숙주, 무를 바닥에 놓고, 그 위에 나머지 재료를 색스럽게 돌려 담은 후 육수를 부어 끓인다.

 새댁들이 많이 애용하는 품 나는 전통 요리 중의 하나로 맛이 담백하다.

재료

두부 1모, 쇠고기 다진 것 100g (밑간 : 간장, 설탕, 마늘, 참기름, 후추 약간씩), 표고버섯 3장, 느타리버섯 50g, 양파 1/2개, 숙주 100g, 미나리 50g, 당근 1/6개, 홍고추 1개, 실파 50g, 무 100g, 달걀 2개, 밀가루 약간

쇠고기 무국

육수 만들기

냄비에 무, 다시마, 통마늘, 대파, 물을 넣고 끓으면 국간장을 넣어 다시 한 번 더 끓여 육수를 준비한다.

 +  +

무 100g, 다시마(10×10) 1장 　　통마늘 5개, 대파 1뿌리, 물 6컵 　　국간장 1큰술

 매콤하고 깔끔한 맛을 원할 경우 청양고추 씨를 뺀 후 넣었다 건진다.

만드는 방법

1 쇠고기는 찌개용으로 준비하여 물에 씻어 핏물을 뺀 후 밑간을 한다.
2 무는 나박썰기하고, 쪽파는 3cm 길이로 썬다.
3 냄비에 참기름을 두르고 쇠고기와 무를 넣고 볶다가 육수를 넣고 끓인다.
4 간을 보아 싱거우면 소금, 후추로 간을 하고 쪽파를 넣어 낸다.

 **재 료**

쇠고기 100g, 무 100g, 쪽파 3줄기, 참기름 1큰술, 소금·후추 약간씩

고기 밑간 : 참기름 1작은술, 다진 마늘 1작은술, 후추 약간

 육수를 만들 때는 내용물을 먼저 넣고 끓이다가 나중에 간(된장, 고추장, 간장 등)을 하여 한 번 더 끓인다. 그래야 국물 맛이 살아 있고 잘 우러난다.

채소 육수

1. 집에 있는 채소 중 향이 너무 강하지 않은 것은 무엇이든 가능하다.
2. 무, 다시마, 건표고버섯, 양배추, 대파, 당근, 통마늘 등은 아주 좋은 채소 육수 재료이다.

* 양식 요리를 한다면 셀러리나 허브 등도 좋다.

다시마 육수

1. 다시마는 물로 씻으면 요오드, 핵산 등 영양분이 빠져 나가고, 끈적끈적하므로, 깨끗하게 삶은 후 물기를 꼭 짠 행주로 먼지만 털어 가위로 자른 다음 그늘에서 말려 지퍼백에 담아 두고 사용한다.
2. 가루로 사용하면 국물 맛이 깔끔하지 않다.(이유식 등에도 국물을 내서 사용하는 것이 좋다.)

※ 이 책에서는 물의 양보다는 재료의 양에 따라 육수를 조절한다. ➡ 화력(불)과 식재료에 따라 맛이 달라지므로

※ 국(건더기 : 육수 ➡ 3 : 7 비율)
  찌개, 전골, 탕(건더기 : 육수 ➡ 1 : 1 비율)

Part 03
채소·다시마 육수 만들기

대구 매운탕
불고기 전골
캠핑찌개
정통 일식우동

더덕전골
매생이국
엄나무 삼계탕

대구 매운탕

육수 만들기

냄비에 다시마, 무, 물을 넣어 끓여 체에 걸러 육수를 준비한다.

다시마 2장   무 100g   물 7컵

Note 생선 요리 시 비린내가 많이 날 경우에는 재료로 쑥갓을 많이 이용하고, 시원한 맛을 원할 경우에는 미나리를 사용한다.

만드는 방법

1. 대구는 비늘을 긁어 내고 내장을 뺀 후 깨끗이 씻어 건져 놓는다.
2. 무는 납작하게 썰고, 두부는 2~3cm 크기로 썰어 놓는다.
3. 양파는 채썰고, 미나리·쑥갓은 4cm 길이로 잘라 놓는다.
4. 고추·대파는 어슷썰고, 팽이는 밑둥을 잘라 놓는다.
5. 냄비에 육수를 넣고 대구, 양파, 홍고추, 풋고추, 대파, 두부, 양념을 넣어 끓인다.
6. 소금·후추로 간을 하고, 팽이버섯·쑥갓·미나리를 넣어 끓여 완성한다.

 재 료

대구 1마리, 무 100g, 두부 1/2모, 양파 1/4개, 홍고추 1개, 풋고추 1개, 미나리 50g, 쑥갓 약간, 팽이버섯 1/2봉지, 대파 1/2뿌리

양념 : 고춧가루 1큰술, 고추장 1큰술, 다진 마늘 1큰술, 생강 1작은술, 간장 1큰술, 청주 2큰술, 가쓰오부시 가루 1작은술, 물 2큰술, 왜된장 1작은술, 참기름 1/2작은술, 소금·후추 약간씩

Cooking Note
- 양념에서 왜된장이 없으면 일반 된장을 육수 재료에 넣어 사용한다.
- 이 레시피의 양념을 매운탕 기본 양념으로 사용해도 좋다.

불고기 전골

육수 만들기

냄비에 다시마, 무, 통마늘, 물을 넣고 끓여 체에 걸러 육수를 준비한다.

다시마(10×10) 2장   무 50g   통마늘 3개   물 적당량

만드는 방법

1. 쇠고기는 불고기감으로 준비하여 고기 양념에 재워 놓는다.
2. 당면은 찬물에 불려 놓는다. (그렇지 않으면 육수를 다 빨아들임.)
3. 표고버섯은 기둥을 떼어 채썰고, 팽이버섯은 밑둥을 잘라 2등분 한다.
4. 숙주는 꼬리를 떼고, 양파는 채썰고, 대파는 어슷썬다.
5. 전골냄비에 식용유를 두르고 쇠고기, 양파, 대파를 넣고 살짝 볶다가 표고버섯, 팽이버섯, 숙주를 돌려 담는다.
6. 육수 3~4컵을 부어 끓이다가 당면을 넣고 소금, 후추로 간한 후 쑥갓을 넣어 낸다.

재 료

쇠고기 200g, 표고버섯 3장, 팽이버섯 1봉지, 숙주 100g, 양파 1/2개, 불린 당면 100g, 쑥갓 30g, 대파 1뿌리, 식용유 1작은술, 소금·후추 약간씩

고기 양념 : 간장 1큰술, 설탕 1작은술, 청주 1큰술, 다진 파 2큰술, 다진 마늘 1큰술, 깨소금 1/2큰술, 참기름 1작은술, 후추 약간

- 어른 초대상에는 불고기보다 국물이 있는 불고기 전골을 해드리는 것이 좋다.
- 겨울철에는 불고기 잰 것을 뚝배기에 넣고, 불고기 뚝배기를 만들어 먹으면 더욱 맛있다.

캠핑찌개

육수 만들기

냄비에 다시마, 건고추, 물을 넣고 팔팔 끓으면 체에 걸러 육수를 준비한다.

다시마 2장   건고추 3개   물 3컵

만드는 방법

1. 쇠고기는 먹기 좋은 크기로 잘라 고추장과 설탕을 넣어 양념한다.
2. 냄비에 참기름을 두르고 1의 쇠고기를 넣고 볶다가 육수 3컵을 넣는다.
3. 감자, 호박, 양파, 두부, 대파, 풋고추는 큼직하게 썬다.
4. 2에 감자를 넣고 끓이다가 호박, 양파, 두부를 넣는다.
5. 감자가 익으면 팽이버섯, 대파, 다진 마늘, 풋고추를 넣고 국간장을 넣어 더 끓인다.
6. 간을 보아 싱거우면 소금으로 간하여 완성한다.

 재 료

쇠고기 100g, 감자 1개, 호박 1/3개, 두부 1/2모, 양파 1/4개, 팽이버섯 1봉, 풋고추 1개, 대파 1/2대, 고추장 2큰술, 설탕 1/2작은술, 국간장 1큰술, 참기름 1큰술, 다진 마늘 1작은술

전형적인 고추장 찌개 맛이 그리울 때 만드는 요리이다. 휴가지에서는 쇠고기 대신 참치 캔을 이용해도 좋다.

정통 일식우동

육수 만들기

A의 국물 재료를 넣고 팔팔 끓으면 B의 재료인 가쓰오부시와 설탕을 넣고 3초 후 불을 끈 다음 20분 후에 체에 걸러 육수를 준비한다.

A: 기꼬망 간장 5큰술, 맛술 2큰술, 가쓰오부시 가루 1큰술 + 다시마 2조각, 무 100g + 사과 1/2개, 양파 1/2개

파뿌리 3개, 물 12컵 + B: 가쓰오부시 1/2컵 + 설탕 약간

 Note 가쓰오부시는 가다랑어를 훈제하여 대패로 밀어 놓은 것으로, 향기를 먹는다 하여 넣는 즉시 불을 끈다. 오랫동안 끓이면 텁텁하고 맛이 없다. 매콤하게 할 경우 청양고추를 넣는다.

만드는 방법

1. 표고버섯, 색어묵, 맛살은 큼직하게 썰고, 곤약은 데쳐 내고, 유부는 끓는 물을 부어 데쳐 썬다.
2. 쑥갓은 길이로 잘라 놓고, 대파는 송송 썰고, 팽이버섯은 밑둥을 잘라 내고, 우동국수는 데쳐 놓는다.
3. 냄비에 육수를 붓고 표고버섯, 곤약을 넣어 끓으면 나머지 재료를 넣고, 쑥갓과 파를 얹어 낸다.

재료

표고버섯 3장, 색어묵 50g, 대파 1/2뿌리, 팽이버섯 1봉지, 맛살 2줄, 쑥갓 20g, 유부 5장, 우동국수 300g, 곤약 50g (이 재료들은 기호에 맞게 준비한다.)

 **Cooking Note**
- 기꼬망 간장 대신 우리나라 진간장을 쓸 경우에는 2큰술 더 넣어 주면 된다.
- 겨울철 일본식 어묵탕으로도 좋다.

더덕전골

육수 만들기

쇠고기(양지)는 흐르는 물에 씻어 핏물을 빼고 더덕 잔뿌리와 다시마, 물을 넣고 팔팔 끓으면 다시마는 건져내고 2시간 동안 푹 끓여 육수로 사용한다.

 +  +  +

쇠고기(양지) 100g   더덕 잔뿌리 50g   다시마 2장   물 7컵

 짜투리 고기나 더덕을 써서 육수를 내면 향도 좋고 국물 맛도 깔끔하다.

만드는 방법

1. 삶은 쇠고기는 건져 편육으로 사용한다.
2. 더덕은 반 갈라 방망이로 두드린 후 5cm 길이로 썬다.
3. 배추, 애호박, 당근도 더덕과 같은 크기로 썰고, 건표고버섯은 불려 굵은 채로 썬다.
4. 쑥갓은 5cm 길이로 썰고, 팽이버섯은 밑둥을 자른다.
5. 전골냄비에 더덕, 배추, 애호박, 당근, 건표고버섯을 돌려 담고, 육수 7컵과 마늘, 소금을 넣고 끓인다.
6. 간을 보아 싱거우면 소금, 후추로 간을 하고, 팽이버섯을 넣고 끓으면 쑥갓을 올려 낸다.

 재 료

깐 더덕 200g, 애호박 1/3개, 배추 3장, 쑥갓 20g, 당근 1/4개, 양파 1/2개, 건표고버섯 4장, 팽이버섯 1봉, 다진 마늘 1큰술, 소금 1큰술, 후추 약간

 더덕전골은 더덕 향이 나는 보양 요리이다.

매생이국

🍴 육수 만들기

냄비에 다시마, 무, 물을 넣고 푹 끓여 체에 걸러 육수를 준비한다.

 + +

다시마 1조각   무 100g   물 6컵

 매생이는 바다 내음이 살아 있도록 소금으로만 간하여 맛을 내는 것이 좋다.

만드는 방법

1 매생이는 물에 살살 비벼 씻어 건져 채반에 받쳐 놓는다.
2 굴은 소금물에 넣어 굴 껍질이 없도록 확인한 후 씻어 낸다.
3 냄비에 육수를 넣고 매생이, 굴, 다진 마늘을 넣어 끓인다.
4 소금으로 간하고 참기름 한 방울을 떨어뜨린다.

재료

매생이 100g, 굴 200g, 마늘 1작은술, 소금 약간, 참기름 1/4작은술

 매생이국은 미운 사위에게 주는 음식이라고도 한다. 팔팔 끓여도 김이 나지 않으므로 조심해서 먹어야 한다.

엄나무 삼계탕

육수 만들기

손질된 닭발은 끓는 물에 살짝 데친 후, 엄나무, 황기, 대파, 무를 넣고 물을 충분히 부어 푹 끓여 체에 밭쳐 육수를 준비한다.

 +  +

닭발 200g, 황기 2줄기   엄나무 2줄기, 대파 1뿌리   무 100g, 물 15컵

 엄나무를 이용하면 영양도 우수하지만 닭살이 더 쫄깃해진다.

만드는 방법

1. 닭은 꽁지 부분의 기름기를 제거하고 속을 말끔히 씻어 준다.
2. 찹쌀을 깨끗이 씻어 물에 불려 놓는다.
3. 불린 찹쌀, 밤, 대추, 볶은 은행, 통마늘을 닭 뱃속에 넣은 다음, 다리에 칼집을 넣어 꼬아 준다.
4. 냄비에 3의 닭을 넣고 육수를 충분히 부은 후 끓인다. 닭 표면이 익으면 육수를 더 넣고, 수삼을 넣어 중불에서 푹 끓인다.
5. 푹 끓으면 그릇에 담아 송송 썬 대파와 소금, 후추를 곁들여 낸다.

 재 료

영계 2마리, 찹쌀 5큰술, 수삼 2뿌리, 대추 5개, 밤 4개, 은행 10알, 통마늘 6쪽
곁들이 : 대파, 소금, 후추

 닭발에는 다량의 콜라겐이 들어있어 피부에 좋은 영향을 준다.

바지락(조개) 육수

1. 조개는 3%의 소금물에 담가 어둡게 하여(신문 또는 냄비뚜껑으로 덮는 등) 조개가 뻘을 뱉어낼 수 있게 준비한다.
2. 조개는 바락바락 주물러 씻은 후 그릇을 바닥에 세게 친다. ➡ 죽은 조개의 입이 벌어져 뻘과 모래를 제거할 수 있다.
3. 찬물에 다시마와 조개를 넣고 뚜껑을 연 채 끓인다.
4. 조개가 벌어지면 건져 내고, 국물은 면보에 걸러 준다.

* 조개는 비타민과 무기질, 단백질과 글리코겐이 풍부하고 혈중 콜레스테롤을 낮춰 준다. 또한 천연 타우린은 담즙 분비를 촉진하여 피로 회복 및 간 기능 활성화에 도움을 준다.

* 해물 찌개는 특히 짜지 않게 조리해야 한다.

* 조개나 해물 요리는 오래 끓이면 질겨진다.

정통 생선 육수 (가쓰오부시나 가쓰오부시 가루 대신 사용)

1. 생선살은 발라 내고 뼈는 말려서 그릴에 살짝 굽는다.
2. 1의 생선 뼈를 끓는 물에 데쳐 낸다.
3. 찬물에 2의 뼈를 넣고 뚜껑을 연 채 20분 정도 끓여 육수로 이용한다.

※ 이 책자에서는 물의 양보다는 재료의 양에 따라 육수를 조절한다. ➡ 화력(불)과 식재료에 따라 맛이 달라지므로

※ 국(건더기 : 육수 ➡ 3 : 7 비율)
　찌개, 전골, 탕(건더기 : 육수 ➡ 1 : 1 비율)

Part 04
해물 육수 만들기

바지락 콩나물국
조개탕
순두부찌개
류산슬
해물 칼국수
꼬치어묵
꽃게탕
샤브샤브

왜된장국
아욱 새우국
버섯 매운탕
콩나물 해장국밥
낙지 연포탕
추어탕
대구지리

바지락 콩나물국

육수 만들기

냄비에 바지락과 다시마, 마늘을 넣고 끓이다 바지락이 벌어지면 바지락은 건져내고 국물은 체에 걸러 준비한다.

 +  +  +

바지락 1컵   다시마 2장   통마늘 5개   물 4컵

 조개, 다시마 국물은 오래 끓이면 질겨지므로 오래 끓이지 않는다.

만드는 방법

1. 홍고추, 청양고추는 송송 썬다.
2. 냄비에 육수와 콩나물을 넣고 끓인다.
3. 소금, 후추로 간하고 홍고추, 청양고추를 넣는다.
3. 건져 놓은 바지락을 넣어 살짝 끓여 낸다.

 재 료

바지락 1컵, 콩나물 150g, 홍고추 1개, 청양고추 1개, 소금·흰 후추 약간씩

- 콩나물은 씻은 후 행주나 냄비 뚜껑을 덮어 광합성이 일어나지 않도록 해야 맛있다.
- 콩나물 요리는 뿌리에 아스파라긴산이 다량 함유되어 있으므로 뿌리째 사용한다.

조개탕

육수 만들기

찬물에 바지락, 다시마, 마늘, 청주를 넣고 끓인다. 조개의 입이 벌어지면 조개는 건져 내고 국물은 면보에 걸러 준비한다.

| 바지락 400g | 다시마 1장 | 통마늘 2쪽 | 청주 1큰술 | 물 적당량 |

 조개 요리는 껍질에 타우린 성분이 많아 껍질째 요리하는 것이 피로 회복과 영양 면에서 좋다. 육수에 무를 넣어도 좋다.

만드는 방법

1 바지락(모시조개)은 바락바락 문질러 씻은 후 옅은 소금물(물 3컵에 소금 4큰술)에 해감한다.
2 홍고추는 채썰고, 실파는 송송 썰고, 청양고추는 씨를 빼 놓는다.
4 냄비에 육수와 씨 뺀 청양고추를 넣고 끓으면 고추는 건져 내고, 육수 내고 건져낸 바지락과 홍고추를 넣고 살짝 끓여 소금, 후추로 간을 한다.
5 마지막에 실파를 넣어 낸다.

재 료

바지락(모시조개) 400g, 홍고추 1개, 청양고추 2개, 실파 3뿌리, 소금·후추 약간씩

 홍합탕이나 모시조개탕도 이와 같은 방법으로 요리한다.

순두부찌개

육수 만들기

해감해 놓은 바지락은 찬물에 넣고 끓여 조개의 입이 벌어지면 건져 내고 국물은 체에 거른 후 돼지고기, 양파, 대파를 넣고 끓여 육수를 준비한다.

바지락 200g   물 2컵   돼지고기 50g   양파 1/4개   대파 1뿌리

 바지락 대신 굴 또는 새우를 이용하기도 한다.

만드는 방법

1. 순두부는 봉지의 중앙을 자른다.
2. 홍고추, 청양고추는 어슷썬다.
3. 뚝배기에 참기름과 고춧가루를 넣고 살짝 볶다가 육수를 넣고 끓으면 순두부, 송송 썬 김치, 홍고추, 다진 마늘, 국간장을 넣어 끓인다.
4. 바글바글 끓으면 달걀을 깨뜨려 넣고, 건져 놓은 조개와 청양고추를 넣은 후 소금, 후추로 간한다.

 재 료

순두부 1봉, 송송 썬 김치 100g, 달걀 1개, 홍고추 1개, 청양고추 1개, 다진 마늘 1큰술, 국간장 1/2큰술, 참기름 1큰술, 고춧가루 1/2큰술, 소금·후추 약간씩

 일반적인 순두부찌개의 맛은 조미료의 맛이므로 조갯살을 이용해 맛을 내주는 것이 좋다.

류산슬

육수 만들기

끓는 물에 소금, 청주를 넣고 손질된 해삼, 껍질 벗긴 새우, 껍질 벗겨 칼집 넣은 오징어를 넣어 데쳐 낸 물을 육수로 사용한다.

물 2컵   소금 1작은술, 청주 1큰술   해삼 1/2마리, 새우 7마리, 오징어 몸통 1마리

- 해산물을 데쳐 낸 후 그 물을 끓여 육수로 사용하면 깔끔한 맛이 나고, 내용물은 요리에 넣는다.
- 일반적으로 닭 육수를 많이 사용한다.

만드는 방법

1. 쇠고기는 채썰어 간장, 청주, 후추로 밑간하고 계란, 전분으로 버무려 기름을 넉넉히 두르고 볶아 체에 걸러 놓는다.
2. 죽순, 피망은 채썰고, 건표고버섯은 불려 채썬다.
3. 프라이팬에 기름을 두르고 채썬 대파, 마늘, 생강으로 향을 낸 후 죽순, 표고버섯을 볶다가 간장, 청주를 넣은 다음, 육수를 넣어 준다.
4. 3에 굴소스, 설탕, 치킨베이스를 넣고 끓으면 1의 쇠고기와 데친 해산물, 피망을 넣고 물녹말로 농도를 맞춘 다음 데친 완두콩을 넣고, 소금으로 간한 후 참기름(1~2방울), 후추를 넣어 향을 낸다.

고기 밑간 : 간장 1/2큰술, 청주 1큰술, 후추 약간, 계란 흰자 1/2개, 전분 1작은술

재 료

쇠고기 100g, 해삼(건해삼 불린 것) 1/2마리, 오징어 몸통 1마리, 새우 100g, 죽순 1/2개, 건표고버섯 3장, 피망 1/2개, 완두콩 조금, 대파 1/2뿌리, 마늘 2톨, 생강 1쪽, 굴소스 1큰술, 치킨베이스(닭가루) 1작은술, 간장 1큰술, 청주 1큰술, 설탕 1/2작은술, 물녹말(녹말가루, 물 동량), 소금·후추·참기름·식용유 약간씩

물녹말은 불 조절에 따라 다 넣지 않고 농도를 조절하며 넣는다.

해물 칼국수

육수 만들기

찬물에 바지락, 다시마를 넣고 끓으면 바지락은 건져 내고 국물은 체에 밭쳐 놓는다. 체에 걸러 놓은 국물을 넉넉히 부은 후 미더덕, 북어채, 건새우, 국간장을 넣고 끓인다.

물 12컵 　　바지락 1봉지, 다시마 2조각 　　미더덕 100g, 북어채 50g, 건새우 20g, 국간장 1큰술

 찬물에 바지락, 다시마를 넣고 끓으면 건져 내고, 국물은 체에 걸러 미더덕, 북어채, 건새우를 넣고 끓여야 모래가 씹히지 않는다.

만드는 방법

1 감자, 호박, 당근은 굵게 채썬다.
2 냄비에 육수를 넣고 끓으면 헤쳐 풀어 놓은 생칼국수 면과 감자를 넣고, 한소끔 끓으면 건져 놓은 바지락, 호박, 당근, 다진 마늘을 넣어 준다.
3 국수가 말갛게 익으면 소금, 후추로 간을 하고 실파, 팽이버섯을 넣어 완성한다.
4 식성에 따라 양념장을 곁들여 낸다.

 재 료

칼국수 600g, 호박 1/3개, 감자 1개, 당근 1/4개, 실파 3뿌리, 팽이버섯 1봉지, 다진 마늘 1큰술, 소금 약간

양념 : 풋고추(삭힌 고추) 1개, 고춧가루 1/2큰술, 국간장 1큰술, 간장 2큰술, 다진 마늘 1작은술, 설탕 1작은술, 맛술 1작은술, 깨소금·후추 약간씩

 칼국수 면은 별도의 냄비에서 반 정도 익힌 후 육수에 넣고 끓여야 국물 맛이 깔끔하고 본연의 육수 맛이 난다.

꼬치어묵

육수 만들기

무는 큼직하게 썰고 국물용 멸치, 다시마, 마른 새우, 꽃게, 통마늘을 물에 넣고 끓으면 건더기는 건져 내고, 청주를 넣어 육수를 준비한다.

 +  +

무 200g, 국물용 멸치 30g   다시마 2장, 마른 새우 20g   꽃게 집게발 2쪽, 통마늘 3쪽

 +

물 8컵   청주 1큰술

 Note 육수를 낼 때 간(간장, 된장, 고추장, 소금 등)을 하지 않아야 육수가 잘 우러난다.
가쓰오부시를 넣으면 일식풍의 어묵 국물 맛을 낼 수 있다.

만드는 방법

1. 어묵은 큼직하게 썰어 뜨거운 물을 끼얹어 데쳐 낸 다음 꼬치에 끼운다.
2. 삶은 달걀은 껍질을 벗겨 놓는다.
3. 대파는 송송 썰고, 쑥갓은 5cm 길이로 썬다.
4. 냄비에 육수와 국간장을 넣고 미리 준비한 어묵과 삶은 달걀을 넣어 끓인 후 간을 보아 싱거우면 소금을 넣는다.
5. 그릇에 담고 송송 썬 대파, 쑥갓을 올리고 후추를 넣는다.

 재료

여러 가지 어묵 300g, 삶은 달걀 2개, 대파 1대, 꼬챙이 3개, 쑥갓 2줄기, 무 100g, 소금·후추 약간씩

 **Cooking Note**
- 어묵 요리는 데쳐 내면 나쁜 기름이 어묵에 스며들므로, 어묵을 채반에 놓고 뜨거운 물을 끼얹어 기름을 빼주는 것이 포인트이다.
- 부 재료로 쑥갓, 표고버섯, 맛살, 곤약 등을 다양하게 사용한다.

꽃게탕

육수 만들기

해감한 모시조개에 다시마와 물을 넣고 끓여 조개가 벌어지면 조개는 건져 내고 국물은 거즈에 걸러 육수를 준비한다.

 +  +  +

모시조개 100g   다시마(10×10) 1조각   꽃게 등딱지 1개   물 4컵

 꽃게 껍질은 다량의 키토산을 함유하므로 등딱지를 이용해 육수를 만든다.

만드는 방법

1. 꽃게는 솔로 깨끗이 씻어 발의 끝마디를 잘라 내고, 등딱지와 아가미를 떼어 내어 2~3등분한다.
2. 분량의 양념을 육수에 개어 놓는다.
3. 무·호박은 나박썰고, 홍고추·풋고추·대파는 어슷썬다.
4. 냄비에 육수를 넣고 무를 넣어 끓이다가 무가 익으면 2의 양념을 풀고 꽃게, 호박, 홍고추를 넣는다.
5. 소금으로 간하고, 건져 놓은 조개와 대파, 풋고추, 쑥갓을 넣어 한소끔 더 끓여 낸다.

재료

꽃게 400g, 무 100g, 애호박 1/3개, 풋고추 1개, 홍고추 1개, 쑥갓 20g, 대파 1뿌리

양념 : 고추장 1큰술, 고춧가루 1큰술, 된장 1작은술, 다진 마늘 1큰술, 다진 생강 1작은술, 가쓰오부시 가루 1/2작은술, 소금·후추 약간씩

Cooking Note

- 찌개, 전골 양념을 만들 때는 물이나 육수를 조금 넣으면 양념이 잘 어우러지고, 색깔도 먹음직스럽다.
- 육수 준비 후 언제나 양념 먼저 해 놓고 다른 작업을 한다.

샤브샤브

육수 만들기

찬물에 무, 다시마를 넣고 끓으면 가쓰오부시를 넣고 바로 불을 끈 다음 20분 후에 체에 걸러 육수로 사용한다.

 +  +  +

물 5컵　　　무 1조각　　　다시마(10×10) 1조각　　　가쓰오부시 3큰술

 샤브샤브 육수는 생선 조림에 사용해도 좋다.

만드는 방법

1. 쇠고기는 샤브용으로 얇게 썰어 준비한다.
2. 표고버섯은 채썰고, 팽이버섯은 밑둥을 잘라내고, 양파는 가로 1cm로 자르고, 당근·배추는 2×6cm로 자른다.
3. 쑥갓은 5cm 길이로 썰고, 대파는 어슷썰고, 두부는 큼직하게 썬다.
4. 육수에 고기와 채소를 살짝 데쳐 소스에 찍어 먹는다.

폰즈소스 : 간장 1컵, 맛술 1/2컵, 청주 1/2컵, 식초 1/2컵, 다시마 1조각을 넣어 끓으면 가쓰오부시 2큰술을 넣고 불을 끈 후 체에 걸러 레몬 3조각을 넣어 준다.

참깨소스 : 참깨 6큰술, 땅콩버터 3큰술, 다시마 1조각, 가쓰오부시 약간, 물 1컵, 간장 2큰술, 마늘 1큰술, 양파 2큰술, 청주 1큰술, 케찹 1큰술, 고추기름 1큰술, 식초(레몬즙) 2큰술, 참기름 1작은술 ➡ 커터기에 돌려 사용

- 샤브샤브는 살짝 데쳐 먹는 요리로, 소금, 후추로 간하여 우동면을 넣어 먹는다.
- 쇠고기 대신 해물을 이용하기도 한다.

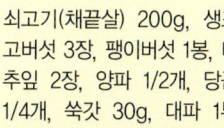

재 료

쇠고기(채끝살) 200g, 생표고버섯 3장, 팽이버섯 1봉, 배추잎 2장, 양파 1/2개, 당근 1/4개, 쑥갓 30g, 대파 1뿌리, 두부 1/2모, 우동국수 1봉

왜된장국

 육수 만들기

찬물에 다시마를 넣고 끓으면 가쓰오부시를 넣은 다음 바로 불을 끄고 20분 후 체에 걸러 육수를 준비한다.

다시마 2장   가쓰오부시 5큰술   물 4컵

- 왜된장국은 오래 끓이면 맛이 없다.
- 육수의 간은 왜된장으로 하므로 필요한 양만큼의 물을 사용한다.

만드는 방법

1. 미역은 불려 조그맣게 자르고, 두부는 사방 1cm로 자른다.
2. 팽이버섯은 1cm로 자르고, 실파는 0.5cm로 자른다.
3. 냄비에 육수를 넣고 체에 왜된장을 넣어 풀어 준 다음, 미역과 두부를 넣어 살짝 끓인다.
4. 그릇에 실파와 팽이버섯을 담아 놓고 3의 국물을 부어 낸다.

재료

왜된장 2큰술, 미역(불린 것) 20g, 두부 30g, 팽이버섯 30g, 실파 2뿌리

왜된장은 일본 된장으로 마트에서 쉽게 구입할 수 있다.

아욱 새우국

육수 만들기

기름을 두르지 않은 냄비에 마른 새우를 볶다가 쌀뜨물을 넣고 된장을 체에 걸러 푼 후 다시마를 넣어 끓인 다음 다시마를 건져내고 육수로 사용한다.

마른 새우 50g   쌀뜨물 5컵   다시마 1장

 냄비에 마른 새우를 볶아 방망이로 살살 두들긴 후 체에 내려 사용하면 먹기 매끄럽고 좋다. 마른 새우는 국물용 멸치와는 다른 깔끔한 맛을 낸다.

만드는 방법

1. 아욱은 줄기를 꺾으면서 한쪽으로 잡아 당겨 껍질을 제거한 후 바락바락 주물러 푸른 물을 빼 준 후 2~3등분한다.
2. 대파는 송송 썰고, 홍고추는 어슷썬다.
2. 냄비에 육수를 넣고 끓으면 준비한 아욱과 다진 마늘을 넣는다.
3. 대파와 홍고추, 고춧가루를 넣고, 간을 보아 싱거우면 소금으로 간한다.

 재료

아욱 200g, 된장 2큰술, 홍고추 1개, 다진 마늘 1큰술, 대파 1/2뿌리, 고춧가루 1작은술, 소금 약간

 아욱을 바락바락 주물러 주는 것은 아욱의 수산 성분 때문이다. 푸른 채소는 수산 성분 때문에 데쳐 사용해야 한다.

버섯 매운탕

육수 만들기

냄비에 마른 새우를 볶다가 다시마와 양파, 물을 넣고 끓으면 2~3분 후 불을 끄고 10분 후 체에 걸러 육수를 준비한다.

마른 새우 30g   다시마(10×10) 2장   양파 1/4쪽   물 4컵

 육수 낸 새우는 거르지 않고 다시마만 건져 내고 그냥 사용해도 좋다.

만드는 방법

1 수제비 반죽은 재료를 잘 섞어 여러 번 치대어 놓는다.
2 분량의 재료를 잘 섞어 양념장을 만든다.
3 양송이는 슬라이스하고, 표고버섯은 도톰하게 채썰고, 느타리버섯은 굵게 찢어 놓고, 팽이버섯은 밑둥을 자른다.
4 미나리는 4cm 길이로 자르고, 대파와 홍고추는 어슷썬다.
5 육수에 양념장을 풀고 끓으면 여러 가지 버섯과 미나리, 대파, 홍고추를 넣어 살짝 더 끓인다.
6 국물이 우러나면 수제비를 떼어 넣고 끓여 완성한다.
7 고추냉이장을 곁들여 낸 후 버섯을 찍어 먹는다.

재료

양송이 100g, 느타리버섯 100g, 팽이버섯 1봉, 표고버섯 100g, 미나리 100g, 홍고추 2개, 대파 2뿌리

양념장 : 고추장 1.5큰술, 고춧가루 1큰술, 된장 1작은술, 간장 1큰술, 다진 마늘 2큰술, 생강 1작은술, 청주 1큰술, 참기름 1작은술, 가쓰오부시 가루 1작은술, 소금·후추 약간씩

수제비 반죽 : 밀가루 1컵, 물 1/3컵, 식용유 1작은술, 소금 1/3작은술
고추냉이장 : 간장 2큰술, 다싯물 1큰술, 맛술 1/2큰술, 고추냉이 약간

콩나물 해장국밥

 육수 만들기

냄비에 북어대가리, 다시마, 대파, 물을 넣고 푹 끓여 체에 걸러 육수를 준비한다.

북어대가리 1개　　다시마 1장　　대파 1/2뿌리　　물 5컵

- 해장국의 간은 새우젓으로 하면 깔끔하고 시원한 맛을 낼 수 있다.
- 북어채 대신 황태구이를 하고 남은 북어대가리를 이용하는 것이 바람직하다.

만드는 방법

1 콩나물은 깨끗이 씻어 놓고, 쇠고기는 채썰어 간장, 참기름, 대파, 마늘, 후추를 넣어 양념한다.
2 배추 김치는 송송 썰어 고춧가루, 파, 마늘, 생강즙, 참기름을 넣어 무쳐 놓는다.
3 대파, 청양고추는 송송 썰고 새우젓 건더기는 다져 놓는다.
4 뚝배기(냄비)에 고기, 북어를 넣고 볶다가 육수를 넣는다.
5 콩나물과 김치를 넣고 뚜껑을 덮은 상태에서 익힌다.
6 끓기 시작하면 밥을 넣고, 새우젓으로 간한다.
7 달걀 노른자를 넣고 김, 대파, 청양고추, 깨를 얹어 낸다.

 **재 료**

콩나물 200g, 북어채 40g, 배추김치 70g, 밥 2공기, 새우젓 1~2큰술, 청양고추 2개, 김 1장, 달걀 1개, 대파 2큰술, 참기름 1작은술, 다진 마늘 1작은술, 고춧가루 1/2큰술, 깨 소금 1작은술

 황태에서 냄새가 날 경우 밀가루를 조금 넣고 비벼 씻는다.

낙지 연포탕

 육수 만들기

냄비에 다시마, 무, 통마늘, 청주, 물을 넣고 끓여 체에 걸러 육수를 준비한다.

다시마 2개   무 50g   통마늘 3쪽   청주 1큰술   물 4컵

 다시마 육수이지만 낙지 자체가 육수 맛을 좌우하므로 마늘을 적게 사용한다.

만드는 방법

1 쪽파, 미나리는 5cm 길이로 썬다.
2 무는 나박썰기한다.
3 냄비에 육수와 무를 넣고 끓인다.
4 팔팔 끓으면 낙지를 통째로 넣고, 참기름과 쪽파를 넣는다.
5 소금으로 간을 하고, 미나리를 넣어 완성한다.

재료

낙지 2마리, 무 50g, 미나리 30g, 쪽파 50g, 참기름 1~2방울, 소금·후추 약간씩

- 낙지 연포탕은 스테미너식으로 겨울철이 제철이나 여름철 보양식으로도 좋다.
- 연포탕은 볶음이나 찌개 요리보다 더 신선한 낙지를 이용해야 한다.

추어탕

육수 만들기

찬물에 미꾸라지, 된장, 다진 마늘, 다진 생강, 물을 넣고 1시간 이상 푹 끓여 살은 체에 거르고, 뼈는 커터기에 두 번 갈아 체에 거른다.

미꾸라지 500g, 된장 1.5큰술　　　다진 마늘 2큰술, 생강 1/2큰술　　　물 10컵

 미꾸라지는 뚜껑 있는 그릇에 소금을 넣어 해감시킨 후 씻는다.(호박잎을 사용하여 세척함)

만드는 방법

1 볶지 않은 들깨는 물, 불린 쌀과 함께 커터기에 넣고 곱게 갈아 체에 걸러준다.
2 얼갈이 배추는 데치고, 느타리버섯은 찢고, 표고버섯은 채썰고, 팽이버섯은 밑둥을 자른다.
3 대파·깻잎·부추는 적당한 크기로 썰고, 홍고추·풋고추는 송송 썬다.
4 육수가 끓으면 들깨즙과 배추를 넣는다. 한소끔 끓으면 나머지 재료를 넣어 끓인다.
5 소금, 후추로 간하고 기호에 따라 산초가루를 넣는다.

 재 료

미꾸라지 500g, 팽이버섯 1봉, 얼갈이배추 300g, 표고버섯 100g, 느타리버섯 100g, 대파 2대, 깻잎 20장, 부추 10g, 홍고추 1개, 풋고추 2개, 산초가루 약간, 볶지 않은 들깨 1/2컵, 물 1/2컵, 불린 쌀 2큰술

 미꾸라지와 장어는 여름철 보양식으로 으뜸이다.

113

대구지리

🍳 육수 만들기

냄비에 다시마, 모시조개, 배추잎, 통마늘, 물을 넣고 끓으면 가쓰오부시를 넣고 3초 후 불을 끈다. 불 끈 후 조개는 건져 내고 20분 후 체에 걸러 육수로 사용한다.

 +  +

다시마 1장 모시조개 5개   배추잎 2장 통마늘 3쪽 물 6컵   가쓰오부시 4큰술

만드는 방법

1 대구는 비늘을 긁어 내고, 쓸개를 제거한 후 손질하여 씻어 건져 놓는다.
2 무는 나박썰기하고, 두부는 조금 도톰하게 썬다.
3 배추는 1.5×6cm 크기로 썰고, 미나리는 4cm 길이로 썬다.
4 대파, 홍고추는 어슷썰고, 팽이버섯은 밑둥을 자른다.
5 냄비에 육수와 무를 넣고 끓으면 대구, 배추, 두부, 대파를 넣어 끓인다.
6 소금·후추로 간하고, 팽이버섯·미나리·삶아진 조개를 넣어 완성한다.

재료

대구 700g, 무 200g, 배추 3잎, 미나리 50g, 두부 1/2 모, 대파 1뿌리, 홍고추 1개, 팽이버섯 1/2봉, 소금·후추 약간씩

소스 : 고추냉이 1큰술, 간장 2큰술, 청주 1큰술, 다싯물 1큰술

 주재료를 달리하여 복어나 다른 생선을 이용해도 좋다.

반찬 및 별미요리

- 밑반찬을 만들 때 그냥 양념장만으로 하는 경우들이 많은데 육수를 이용하여 조리하면 음식을 두고 먹어도 음식이 마르지 않고 촉촉하여 좋다.
- 영양면에서도 우수하다.
- 별미요리나 밑반찬에 육수를 이용하면 편식의 우려가 줄어든다.
- 육수 사용은 메뉴에 따라 각각 다르다.

※ 이 책에서는 물의 양보다는 재료의 양에 따라 육수를 조절한다. ➡ 화력(불)과 식재료에 따라 맛이 달라지므로

※ 국(건더기 : 육수 ➡ 3 : 7 비율)
  찌개, 전골, 탕(건더기 : 육수 ➡ 1 : 1 비율)

Part 05
육수를 이용한
반찬 및 별미요리

김치 삼겹살찜
두부조림
갈치무조림
버섯 장조림
오향장육(족발)
김 장아찌
꽃게무침

쇠고기 덮밥
오이청포냉국
가지냉국
달걀찜(한식)
달걀찜(일식)
달걀찜(업소용)

김치 삼겹살찜

육수 만들기

냄비에 국물용 멸치를 볶다가 다시마, 대파, 양파, 물을 넣고 끓여 체에 걸러 육수를 준비한다.

국물용 멸치 10마리   다시마 1개   대파 1뿌리   양파 1/4개   물 2컵

 육수로 사골이나 돼지등뼈를 이용해도 좋다. 조금 시간을 두고 오래 끓여야 깊은 맛이 난다.

만드는 방법

1 묵은 김치는 소를 털어 내고, 양파는 채썰어 놓는다.

2 냄비에 채썬 양파, 묵은 김치, 통삼겹살 순으로 올리고 양념과 김치국물을 끼얹은 후 육수를 붓는다.

3 팔팔 끓으면 약한 불에서 1시간 이상 뭉근히 익혀 육수가 반으로 졸아들 때까지 끓인다.

4 대파, 풋고추를 넣고 살짝 끓여 완성한다.

재료

묵은 김치 1/4포기, 통삼겹살 300g, 대파 1뿌리, 양파 1/2개, 풋고추 2개, 김치국물 4큰술

양념 : 고춧가루 3큰술, 고추장 1큰술, 참기름 1/2큰술, 후추 약간, 다진 마늘 1큰술, 다진 생강 1작은술, 설탕 1/2작은술

 묵은 김치나 신 김치를 이용해야 깊은 맛이 난다.

버섯 장조림

 육수 만들기

냄비에 양파, 대파, 무, 건표고버섯, 통마늘을 넣고 재료 양의 3배의 물을 붓는다. 30분 정도 끓이다가 다시마를 넣고 조금 더 끓여 체에 걸러 육수를 준비한다.

양파 1/4개 + 대파 1뿌리 + 무 100g + 건표고버섯 2개 +
통마늘 4개 + 물(재료의 양의 3배) + 다시마 1장

만드는 방법

1 냄비에 육수를 넣고 끓으면 새송이버섯을 통째로 넣어 뚜껑 덮고 5분 동안 끓인다.
2 뚜껑을 열고 약한 불에서 국물이 반컵 정도 남을 때까지 조린다.
3 완성된 새송이버섯을 찢어 접시에 담아 낸다.

재료

새송이버섯 8~10개

소스 : 간장 1/2컵, 육수 2컵, 메이플시럽(물엿) 3큰술

Cooking Note
- 밑반찬으로 해놓고 먹어도 좋고, 쌈에 넣어 먹어도 좋다.
- 개운한 맛을 원할 경우 청양고추를 넣는다.

오향장육(족발)

육수 만들기

냄비에 팔각, 계피, 대파, 마늘, 생강, 건고추, 물을 넣고 끓으면 돼지고기를 넣고 1시간 동안 삶는다. 국물은 면보에 걸러 기름을 제거하여 육수로 사용한다.

팔각 4개 + 계피(7cm) 1개 + 대파 2뿌리 + 마늘 5개

생강 2쪽 + 건고추 2개 + 물 적당량 + 돼지고기(아롱사태) 1kg

 산사 3쪽을 넣으면 고지혈 용해 작용으로 부드럽고 소화에 탁월하다.

만드는 방법

1. 돼지고기 1kg을 6~8등분해서 자른다.
2. 냄비에 조림장을 넣고 끓으면 삶아낸 돼지고기를 넣고 뚜껑 열어 조려 준다.
3. 고기가 식으면 썰어 접시에 담아 낸다.

재 료

돼지고기(아롱사태) 1kg
조림장 : 육수 2컵, 간장 1/2컵, 설탕 4큰술, 맛술 4큰술

- 부추와 겨자소스를 곁들여 내도 좋다.
- 족발 만드는 레시피로 활용하거나 통삼겹살을 이용해도 좋다.

김 장아찌

육수 만들기

냄비에 양파, 통마늘, 대파, 표고버섯, 다시마, 건고추, 물을 넣고 반으로 줄어들 때까지 끓여 체에 걸러 육수를 준비한다.

양파 1/4개 + 통마늘 7쪽 + 대파 1뿌리 + 표고버섯 1개

다시마 1조각 + 건고추 1개 + 물 3컵

만드는 방법

1 육수에 간장을 넣고 끓이다가 조청을 넣어 약한 불로 뭉근히 끓여 식혀 맛간장을 만든다.

2 김은 10장씩 포개서 길이대로 2등분, 다시 4등분하여 20장씩 실로 느슨하게 묶는다.

3 1의 맛간장에 김을 적셔 그릇에 차곡차곡 담고 남은 맛간장을 김 위에 붓는다.

4 완성된 김 장아찌는 냉장 보관한다.

재료

김 60장, 붉은색 실

맛간장 : 채소육수 1.5컵, 간장 2컵, 조청 1.5컵

- 반드시 맛간장이 식은 다음 요리해야 비린 맛이 없고 상하지 않는다.
- 맛간장이 넉넉히 남아 있어야 두고두고 먹을 수 있다.

꽃게무침

육수 만들기

냄비에 다시마와 물을 넣어 끓으면 가쓰오부시를 넣은 후 3초 후 불을 끄고 15분 후에 체에 걸러 육수를 준비한다.

다시마 1장   물 3/4컵   가쓰오부시 4큰술

만드는 방법

1. 꽃게는 깨끗이 손질하여 등딱지를 떼고 4등분한다.
2. 냄비에 양념 A의 간장, 청주, 설탕, 물엿, 액젓과 육수를 넣고 반으로 졸아들면 식힌 다음 B의 나머지 양념인 생강즙, 참기름, 고춧가루를 넣는다.
3. 양파는 채썰고 홍고추, 풋고추, 대파는 어슷썬다.
4. 꽃게를 2의 양념에 무친 다음 참기름과 통깨, 대파, 양파, 고추를 넣고 무친다.
5. 냉장고에 하루 정도 숙성시킨 다음 먹는다.

 재 료

꽃게 1kg, 풋고추 2개, 홍고추 1개, 대파 1뿌리, 양파 1/2개, 참기름 1큰술, 통깨 1큰술

양념
A : 간장 4큰술, 청주 3큰술, 설탕 2큰술, 물엿 3큰술, 액젓 1큰술
B : 생강즙 1작은술, 참기름 1큰술, 고춧가루 1/2컵

- 양념을 끓여 식힌 후 나머지 양념을 넣어 무치면 음식이 쉽게 상하지도 않고 양념이 잘 어우러져 보기에도 좋은 음식이 된다.
- 꽃게를 무칠 때 손으로 무치지 않고 나무주걱을 이용해 버무린다.

쇠고기 덮밥

 육수 만들기

냄비에 물, 다시마를 넣고 끓으면 가쓰오부시를 넣은 후 불을 끄고 20분 후 체에 걸러 육수를 준비한다.

물 1컵 반   다시마 1조각   가쓰오부시 2큰술

 쇠고기 덮밥 육수는 생선 조림, 스끼야끼, 샤브샤브 등 다양한 요리에 응용된다.

만드는 방법

1. 쇠고기는 얇게 썰어 놓는다.
2. 양파·표고버섯은 채썰고, 실파·쑥갓·팽이버섯은 길이로 잘라 놓는다.
3. 덮밥소스가 끓으면 양파·실파·표고버섯·팽이버섯·쇠고기를 넣고 익힌다.
4. 3에 풀어 놓은 달걀을 끼얹어 준다.
5. 쑥갓과 채썰어 놓은 김을 올린 후 밥 위에 끼얹어 낸다.

 **재료**

쇠고기 100g, 밥 2공기, 팽이버섯 1봉지, 양파 1/2개, 실파 3뿌리, 쑥갓 약간, 표고버섯 3장, 달걀 2개, 김 1장

덮밥소스 : 육수 1.5컵, 간장 3큰술, 맛술 1큰술, 설탕 1작은술, 후추 약간

 쇠고기 대신 해산물이나 다른 채소들을 이용하면 또 다른 맛의 덮밥이 된다.

오이청포냉국

육수 만들기

냄비에 북어대가리와 물, 대파, 양파, 참치액(간장)을 넣어 팔팔 끓으면 체에 거른 후 식혀 소금, 식초, 물엿을 넣어 육수를 차갑게 준비한다.

북어대가리 1개 　　물 3컵 반, 대파 1뿌리, 양파 1/4개, 참치액 1작은술 　　소금 약간, 식초 1큰술, 물엿 1작은술

 북어는 술 마신 다음날 해장국으로 좋으므로 차갑게 하면 효과가 더 좋다.

만드는 방법

1. 오이는 동그랗게 얇게 썰어 소금에 절였다가 숨이 죽으면 물기를 꼭 짜둔다.
2. 청포묵은 나무젓가락 굵기로 채썰어 끓는 물에 살짝 데쳐 찬물에 헹군다.
3. 오이와 청포묵을 볼에 담고 다진 마늘, 맛술, 생강즙, 식초, 소금으로 간하여 무쳐 놓는다.
4. 청양고추는 송송 썰어 씨를 빼고, 쪽파도 송송 썬다.
5. 먹기 직전에 무쳐 놓은 오이, 청포묵을 그릇에 담고 쪽파와 청양고추를 넣은 후 차게 해 둔 육수(냉국)를 부어 바로 먹는다.

 재 료

오이 1개, 청포묵 1/2개, 쪽파 2대, 청양고추 1개, 다진 마늘 1작은술, 맛술 1작은술, 생강즙 약간, 식초 1작은술, 소금 약간

 냉국은 여름철뿐만 아니라 일반적으로 입맛을 돋구어 주어 같이 먹는 음식을 더 맛있게 해 주는 상승 효과가 있다.

달걀찜(한식)

 달걀찜 만들기

달걀 3개, 물 1컵   실파 1/2큰술, 다진 새우젓 1큰술   소금, 후추 약간

 별도의 육수보다는 전통 한식에서는 새우젓으로 간을 한다.

만드는 방법

1 달걀은 다진 새우젓과 소금을 넣고 저은 후 물을 넣고 다시 한 번 섞어 고운 체에 내린다.
2 뚝배기에 1의 재료와 후추를 넣고 센 불에서 30초간 저어 준다.
3 뚜껑을 덮어 약불에 올리고 1분 후 한 번 저어 준 다음 뚜껑을 덮어 익힌다.
4 실파를 넣고 뚜껑을 덮은 다음 30초 후 불을 끈다.
5 바로 뚜껑을 열지 않고 30초 후 뚜껑을 연다.

- 찜을 완전히 익히려 하면 타므로 불을 끈 후 잔열을 이용해 익힌다.
- 달걀과 물을 여러 번 체에 내리면 맛이 훨씬 부드럽다.

재료

달걀 3개, 물 1컵, 송송 썬 실파 1/2큰술, 다진 새우젓 1큰술, 볶은 소금 1/2작은술, 후추 약간

달걀찜(일식)

육수 만들기

냄비에 물, 다시마를 넣고 끓으면 가쓰오부시를 넣은 후 불을 끄고 20분 후 체에 거른 다음 식으면 육수로 사용한다.

 +  +

물 1.5컵　　가쓰오부시 3큰술　　다시마 1장

Note 양식은 육수 대신 우유를 사용하기도 한다.

만드는 방법

1 달걀에 소금, 설탕, 청주를 넣고 저은 후 육수 1.5컵을 넣고 잘 섞어 고운 체에 내린다.
2 기호에 따라 데친 새우, 볶은 은행, 어묵, 쑥갓 등을 준비한다.
3 뚜껑 있는 컵에 1의 재료와 2의 준비된 재료를 80% 넣어 김이 오른 찜기에 중탕으로 익힌다.

재료

달걀 3개, 소금 1작은술, 설탕 1/3작은술, 청주 1큰술, 데친 새우, 은행, 어묵, 쑥갓, 표고버섯 약간씩

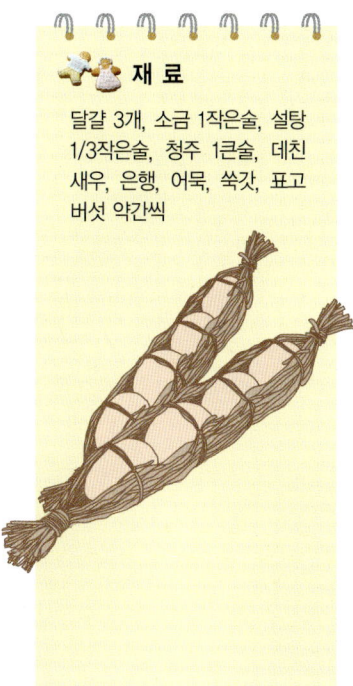

 **Cooking Note** 가쓰오부시 육수 대신 멸치 육수나 다시마 육수를 사용해도 좋다.

달걀찜(업소용)

육수 만들기

물 1컵 반에 다시마, 양파, 대파를 넣고 끓인 후 체에 걸러 채소 육수를 만들어 식혀 놓는다.

 +  +  +

물 1.5컵　　　다시마 1조각　　　양파 1/4개　　　대파 1뿌리

 업소에서는 달걀 3개와 육수 반 컵, 소금을 넣고 믹서에 갈아 사용한다.

만드는 방법

1 달걀 3개에 볶은 소금, 채소 육수 반 컵을 넣고 믹서에 갈아 둔다.
2 뚝배기에 채소 육수 한 컵을 넣어 팔팔 끓으면 1의 달걀과 다진 양파, 다진 당근을 넣고 저어 가며 1분 동안 끓여 준다.
3 뚜껑을 덮고 약불로 3분 끓이다 불을 끄고 30초 있다가 뚜껑을 연다.

 재 료

달걀 3개, 다진 양파 1/4개, 다진 당근 1/8개, 볶은 소금 1 작은술, 후추 약간

 업소에서는 맛소금을 이용한다. 채소 사용 여부는 기호에 따라 다르게 할 수 있다.

Index

갈치무조림 … 123	들깨 버섯전골 … 29	오이청포냉국 … 135
감자 옹심이 … 17	류산슬 … 93	오향장육 … 127
감자탕 … 55	매생이국 … 81	왜된장국 … 103
강된장찌개 … 41	메밀국수 … 25	우럭 매운탕 … 27
김 장아찌 … 129	물냉면 … 57	우렁 된장찌개 … 39
김치 삼겹살찜 … 119	미역국 … 49	월남 쌀국수 … 43
꼬치어묵 … 97	바지락 콩나물국 … 87	육개장 … 47
꽃게무침 … 131	버섯 매운탕 … 107	잔치국수 … 19
꽃게탕 … 99	버섯 장조림 … 125	정통 일식우동 … 77
낙지 연포탕 … 111	부대찌개 … 15	조개탕 … 89
달걀찜(업소용) … 141	불고기 전골 … 73	중국식 새우탕 … 61
달걀찜(일식) … 139	불낙전골 … 21	짬뽕 … 45
달걀찜(한식) … 137	생태(동태)찌개 … 23	추어탕 … 113
대구 매운탕 … 71	샤브샤브 … 101	캠핑찌개 … 75
대구지리 … 115	설렁탕 … 51	콩나물 해장국밥 … 109
더덕전골 … 79	소고기 무국 … 67	평양온반 … 59
도토리묵 김치말이 … 31	쇠고기 덮밥 … 133	표고 맑은국 … 37
돼지갈비 콩비지찌개 … 53	순두부찌개 … 91	해물칼국수 … 95
두부전골 … 65	아욱 새우국 … 105	화끈 해물수제비 … 33
두부조림 … 121	엄나무 삼계탕 … 83	훈둔 … 63

육수 만들기 비법

2009년 8월 10일 1판 1쇄
2013년 3월 25일 1판 4쇄

저　자 : 김자경

펴낸이 : 남상호

펴낸곳 : 도서출판 **예신**
www.yesin.co.kr

140-896 서울시 용산구 효창원로 64길 6
대표전화 : 704-4233, 팩스 : 335-1986
등록번호 : 제3-01365호(2002.4.18)

값 12,000원

ISBN : 978-89-5649-072-4

* 이 책에 실린 글이나 사진은 문서에 의한 출판사의
동의 없이 무단 전재·복제를 금합니다.